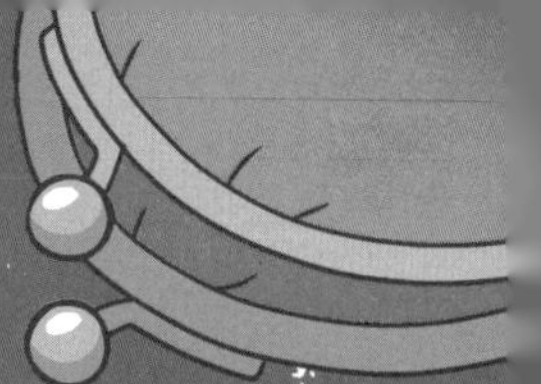

せいかつのふしぎ
なぜ？どうして？

監修 梅澤真一

高橋書店

はじめに

毎朝《まいあさ》起《お》きて、学校《がっこう》に行《い》って、勉強《べんきょう》をして、遊《あそ》んで、ごはんを食《た》べて、ねる。みんなはこんな風《ふう》に毎日《まいにち》すごしていると思《おも》います。

人《ひと》によっては、学校《がっこう》になれてしまって、「毎《まい》日《にち》、同《おな》じことのくり返《かえ》しでつまらない」と思《おも》うこともあるかもしれませんね。

でも、ふだん何気《なにげ》なくしていることや、目《め》にしているものの中《なか》には、よく考《かんが》えてみると「なぜ？」「どうして？」と思《おも》うようなふしぎなこ

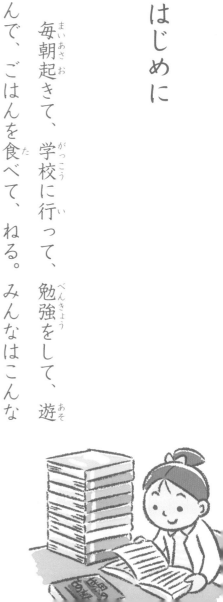

とやみなさんが気《き》づいていないおもしろいことがたくさんひそんでいます。

この本《ほん》は、そんなみぢかなぎもんを集《あつ》めて、お答《こた》えした本《ほん》です。

この本《ほん》を読《よ》み終《お》えたら、ぜひ自分《じぶん》なりに「なぜ？」をさがしてみてください。そうすれば、毎日《まいにち》の生活《せいかつ》がさらにわくわくするすてきなものに変《か》わっていくはずです。

筑波大学附属小学校《つくばだいがくふぞくしょうがっこう》　教諭《きょうゆ》　梅澤真一《うめざわしんいち》

もくじ

くらしのふしぎ

もののふしぎ

きせつのふしぎ

まちのふしぎ

執筆協力：株式会社童夢
デザインフォーマット
：辻中浩一
小池万友美（ウフ）

DTP：エムアンドケイ
校正：新山耕作
イラスト：赤澤英子
小林麻美
野田チヒロ
メイヴ
オゼキイサム

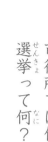

まいにちのふしぎ

なぜ朝《あさ》はねむいの？

起《お》きなさーい!!

と言《い》われても、なかなか起《お》きられないということはありませんか？　起《お》きられたとしても、ねむくてボーっとしてしまいます。でも、これはしかたないことです。なぜなら、ほとんどの生《い》き物《もの》は、むりに起《お》きると頭《あたま》の中《なか》にある脳《のう》という部分《ぶぶん》が

ほかにもある
朝《あさ》がねむいわけ

人間《にんげん》は
体《からだ》があたたまると
ねむくなりやすいよう
にできているから！

「もっとねつづけて」という指《し》示《じ》を勝手《かって》に出《だ》してしまうからです。

また、人間《にんげん》は体《からだ》のリズムだけでなく、目覚《めざ》まし時計《どけい》などでむりに起《お》きています。

このため、体《からだ》にむりがあるときはもう少《すこ》しねていたいと思《おも》うのです。

心配《しんぱい》ごとがあって
起《お》きたくないから！
夜《よ》ふかし
しすぎたから！
体《からだ》の調子《ちょうし》が
よくないから！
起《お》キタラ
イイコトアルヨー！
起《お》キテー！
ねる時間《じかん》がバラバラで
よくねむれていないから

早《はや》起《お》きするといいことがいっぱい！

「早《はや》起《お》きは三文《さんもん》の徳《とく》」という昔《むかし》のことわざを知《し》っていますか？
「文《もん》」とはむかしのお金《かね》の単位《たんい》で、今《いま》の一〇〇円《ひゃくえん》ぐらいの価値《かち》があるそうです。
では毎日《まいにち》すこし早《はや》く起《お》きるだけで、なにができるかみてみましょう。

身《み》だしなみの時間《じかん》がとれる！
びしっと決《き》まると、
自信《じしん》もうまれます。
体《からだ》を動《うご》かしてスッキリ！
体《からだ》を動《うご》かすと、
頭《あたま》もよく動《うご》きます。
5分読書《ふんどくしょ》にトライ！
早《はや》起《お》キ
コイン
ゲット！
早起き貯金箱
「ハヤオキング」

やってみよう

ふとんのなかでめがさめる体《たい》そうをしよう!

どうしても起《お》きられない…。そんなときは、ふとんの中《なか》でこんな体《たい》そうをしてみましょう。

手《て》をグーンとのばす!
ひざを立《た》てて、横《よこ》にパタンパタン!
ぱっ
ぐっ
足《あし》の指先《ゆびさき》をグーパー!

朝《あさ》ごはんを食《た》べられる!

朝《あさ》ごはんを食《た》べると、集中《しゅうちゅう》して勉強《べんきょう》できます。

「5分《ふん》だけ」と決《き》めれば、にがてなこともチャレンジできるかもしれません。

心《こころ》によゆうができる!

自分《じぶん》だけでなく家《か》ぞくのじゅんびも手伝《てつだ》えます。

朝《あさ》、うんちをしたほうがいいって本当《ほんとう》？

うんちの通《とお》り道《みち》「腸《ちょう》」は体《からだ》がリラックスするとよく動《うご》きます。体《からだ》のしくみでは、夜《よる》しっかりねて、次《つぎ》の日《ひ》の朝《あさ》うんちがしたくなって起《お》きるのが元気《げんき》のしるしなのです。

また、学校《がっこう》では、休《やす》み時間《じかん》が決《き》まっていてトイレに行《い》きにくくなるので、できればおうちで朝《あさ》のうちにうんちをすませておきたいものです。

でも、体《からだ》の具合《ぐあい》は人《ひと》それぞれちがうので、朝《あさ》に出《で》ないとなやんでいる人《ひと》もいるかもしれません。

そんなときは、こんな方法《ほうほう》をためしてみましょう。

わたくし、人気《にんき》の
旅行会社《りょこうがいしゃ》うんちツーリズムの
プリット・ウンコ
です。

うんちツーリズムプレゼンツ

朝《あさ》にうんちをしっかり出《だ》すには?

時間《じかん》をまもって、やってみましょう。
毎日《まいにち》つづけると、朝《あさ》にうんちが出《で》やすくなりますよ。

ねる2時間前《じかんまえ》 食《た》べ物《もの》を食《た》べない!

ねる前《まえ》に食《た》べると、朝《あさ》にうんちが出《で》にくくなります。とくに油《あぶら》っこいものは、うんちになるまでに時間《じかん》がかかります。

朝起《あさお》きてすぐ コップ1ぱいの水《みず》を飲《の》もう!

水《みず》を飲《の》むことで、おなかが動《うご》きはじめます。また、うんちがやわらかくなり、出《で》やすくなります。

出発《しゅっぱつ》の30分前《ぷんまえ》 朝《あさ》ごはんを食《た》べよう!

朝《あさ》ごはんを食《た》べると、さらにおなかが動《うご》き出《だ》し、もっとうんちが出《で》やすくなります。

出発《しゅっぱつ》の15分前《ぷんまえ》 トイレへGO《ゴー》!

身《み》じたくがととのったら、いよいよトイレへ。たとえうんちが出《で》なくても、習慣《しゅうかん》づけることで、体《からだ》が「うんちを出《だ》さなきゃ!」と動《うご》くようになります。

うんちで体《たい》調《ちょう》チェック！

うんちと聞《き》くと、きたないだけのものだと思《おも》っていませんか？
でも、うんちは、みんなの体《からだ》がけんこうかどうかを教《おし》えてくれる心強《こころづよ》い味方《みかた》なのです。

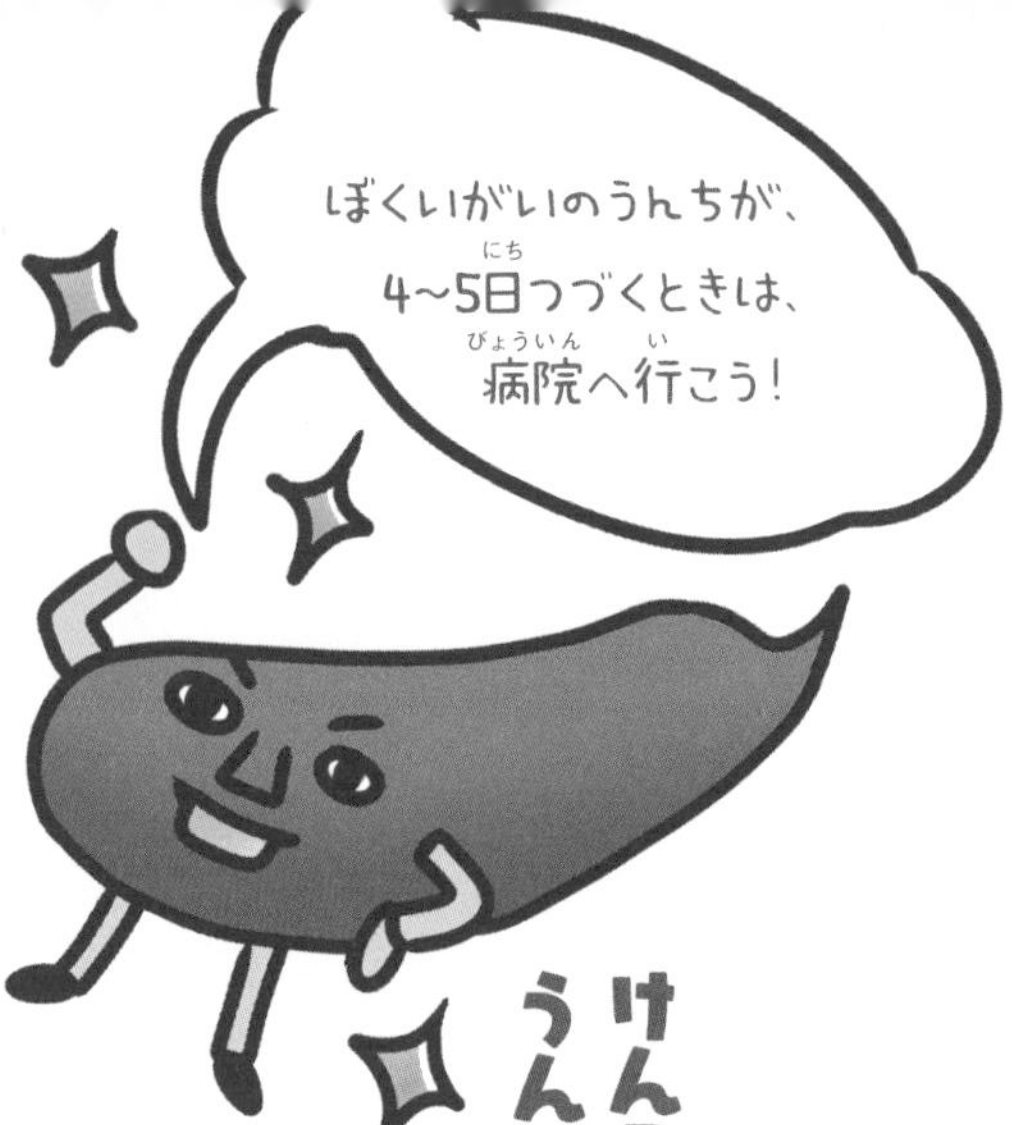
ぼくいがいのうんちが、4〜5日《にち》つづくときは、病院《びょういん》へ行《い》こう！

けんこううんち

バナナ状《じょう》、とぐろ状《じょう》になるうんちです。するりと出《で》るぐらいのやわらかさです。

ピキッ

気《き》をつけなよ
ベチャ…

ドロドロうんち

水《みず》っぽくてドロドロしています。食《た》べすぎや体《からだ》の調子《ちょうし》がわるくておなかをこわしたときに出《で》やすいうんちです。

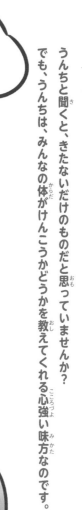

うんちの色《いろ》に注意《ちゅうい》！

うんちの色《いろ》は、明《あか》るい茶色《ちゃいろ》であればだいじょうぶ。でも、こんな色《いろ》のときは、病気《びょうき》かもしれないので、病院《びょういん》へ行《い》きましょう。

コロコロうんち

小石《こいし》のようにカチカチとかたく、コロコロとしています。うんちをがまんしすぎて、水分《すいぶん》が足《た》りないときに出《で》やすいうんちです。

カチぶっというんち

カチカチとかたくて、太《ふと》いうんちです。うんちの通《とお》り道《みち》である大腸《だいちょう》のはたらきが弱《よわ》まっているかもしれません。

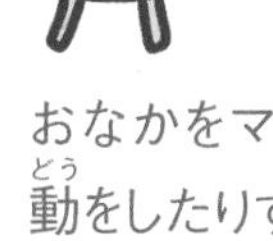

うんちが出《で》ない！　そんなときは！

おなかをマッサージしたり、軽《かる》い運《うん》動《どう》をしたりすると、おなかの動《うご》きがよくなります。
ひざを立《た》てて、へそのまわりを時計《とけい》まわりにやさしくさすってみましょう！

あいさつは何《なん》のためにするの？

あいさつは人《ひと》となかよくなるためにするものです。

あいさつは、かんたんに気《き》持《も》ちを伝《つた》えられるまほうの言葉《ことば》。生活《せいかつ》の中《なか》で、あいさつをするタイミングはたくさんあります。「あいさつチャンス」をのがさず、まず一言《ひとこと》大《おお》きな声《こえ》であいさつしてみると、自分《じぶん》の気《き》持《も》ちも明《あか》るくなっていきますよ。

スタート！
買《か》いもの行《い》くぞー
気になる友《とも》だちがやってきた！
あいさつチャンス！
どうしよう。タイミングがわからない。

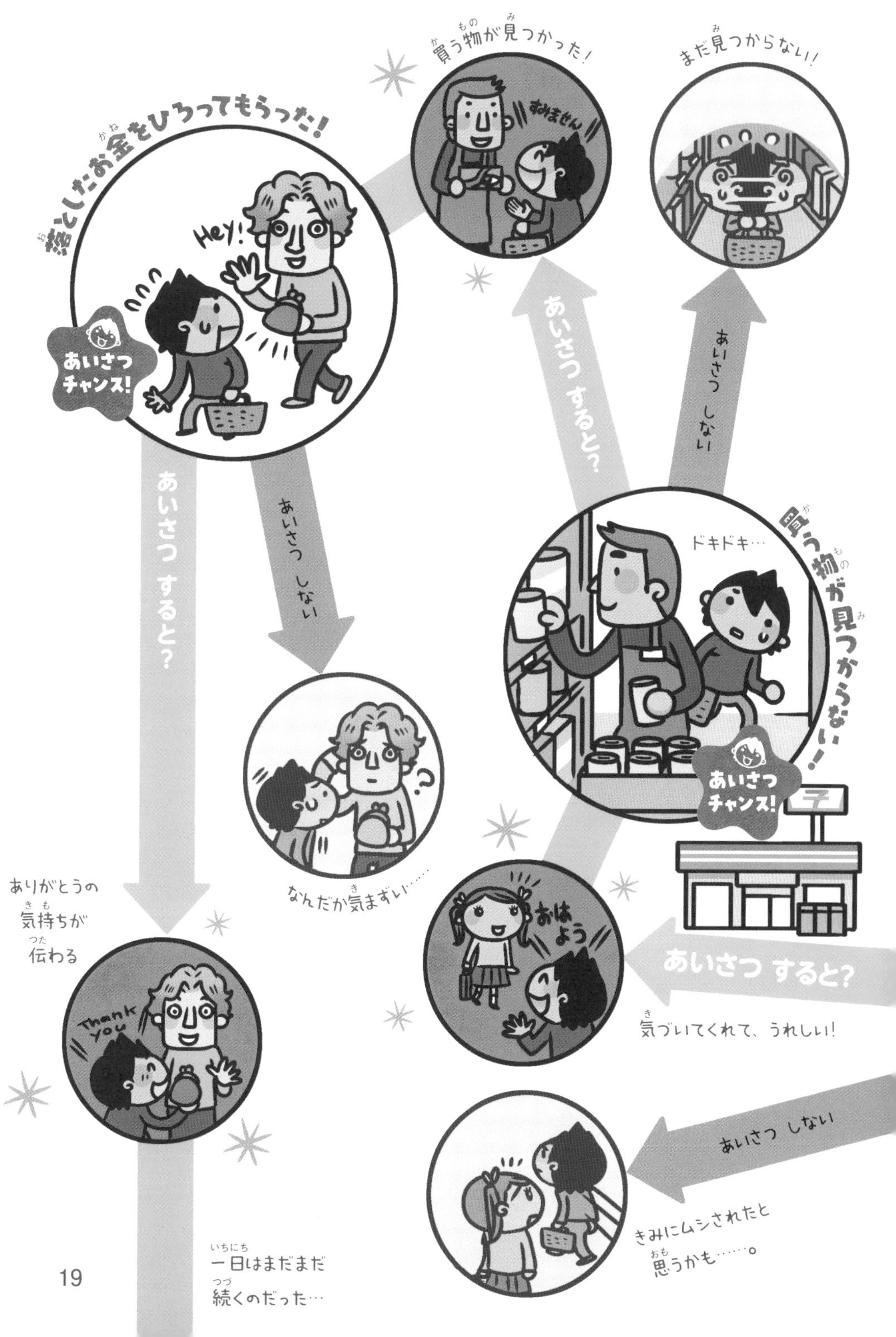

落《お》としたお金《かね》をひろってもらった！
Hey!
あいさつチャンス！
あいさつ すると？
あいさつ しない
買《か》う物《もの》が見《み》つかった！
すみません
まだ見《み》つからない！
あいさつ すると？
あいさつ しない
買《か》う物《もの》が見《み》つからない！
ドキドキ…
あいさつチャンス！
なんだか気《き》まずい……
ありがとうの
気持《きも》ちが
伝《つた》わる
Thank you
おはよう
あいさつ すると？
気《き》づいてくれて、うれしい！
あいさつ しない
きみにムシされたと
思《おも》うかも……。
一日《いちにち》はまだまだ
続《つづ》くのだった…

なぜ一日《いちにち》に三回《さんかい》ごはんを食《た》べるの？

じつは、むかしの日本《にほん》では、朝《あさ》と夜《よる》しかごはんを食《た》べていませんでした。

一日《いちにち》に三回《さんかい》ごはんを食《た》べるようになったのは、今《いま》から三三〇年《さんびゃくさんじゅうねん》ほど前《まえ》の大火事《おおかじ》のあとからです。

そのころ、焼《や》けた町《まち》をたてなおそうとたくさんの大工《だいく》さんがやっ

朝《あさ》ごはん
お米《こめ》とみそしるでたんぱく質《しつ》をゲット!
昼《ひる》ごはん
食物《しょくもつ》せんいたっぷりのそばは腹持《はらも》ちもバツグン。
夜《よる》ごはん
夜《よる》ごはんはシンプルに。小腹《こばら》をみたしたら、すぐにねむるよ。

むかしの大工《だいく》のごはん

てきました。大工《だいく》さんは元気《げんき》にはたらくため、お昼《ひる》ごはんを食《た》べはじめたといわれています。

つまり、一日《いちにち》に三回《さんかい》ごはんを食《た》べるのは、一日元気《いちにちげんき》にすごすためです。

三食《さんしょく》しっかり食《た》べて、動《うご》いて、たっぷりねる。これはみんなが成長《せいちょう》するためにかかせないことでもあります。

ごはんをくらべてみよう

むかしの人《ひと》のごはんと今《いま》の人《ひと》のごはんをくらべてみましょう。今《いま》の日本《にほん》の食事《しょくじ》では栄養《えいよう》やエネルギーがとりやすくなっています。

朝《あさ》ごはん
牛乳《ぎゅうにゅう》をかけるだけでおいしく手軽《てがる》に栄養《えいよう》がとれるよ。
昼《ひる》ごはん
栄養《えいよう》のプロが考《かんが》えた給食《きゅうしょく》はまさに食《しょく》事《じ》のお手本《てほん》。
夜《よる》ごはん
ねているあいだにお肉《にく》や野菜《やさい》の栄養《えいよう》がみんなの体《からだ》を強《つよ》くするよ。
今《いま》の男《おとこ》の子《こ》のごはん

やっぱりきらいなものも食《た》べなきゃだめ？

「一日三回《いちにちさんかい》ごはんを食《た》べなさい」と言《い》われますが、
これと同《おな》じくらい「すききらいをしてはだめ」と言《い》われますよね。
でも、きらいなものを食《た》べたくない…
そんなときどうするかをこの人《ひと》に聞《き》いてみました。

だれにでもすききらいはある。
でも、「がんばったら食《た》べられそう」
と思《おも》ったら、こんなことを考《かんが》えてみると
食《た》べる勇気《ゆうき》がわくはずだ！

マスター
タベツル・サンド

そもそも、なんですききらいをしてはいけないの？
つかれた…

みんなの体《からだ》の中《なか》では、たくさんの種類《しゅるい》の栄養《えいよう》が支《ささ》え合《あ》って、元気《げんき》に動《うご》けるようにしてくれている。でも、栄養《えいよう》は、ひとつの食《た》べ物《もの》にぜんぶ入《はい》っているわけではないんだ。だから、すききらいがふえると、元気《げんき》にすごせなくなってしまうのさ。

ライバルに勝とう!

タベル・サンドの

にがて こくふくトラの巻

ゆめのために体《からだ》をつくると思《おも》ってみる!

きみにはゆめがあるかな? もしスポーツ選《せん》手《しゅ》や体《からだ》を動《うご》かす仕事《しごと》につきたいなら、体《からだ》が弱《よわ》いとつとまらない。頭《あたま》を使《つか》う仕事《しごと》でも、考《かんが》えをめぐらせてアイデアをうむには脳《のう》を動《うご》かすためのエネルギーが必要《ひつよう》なんだ。

作《つく》ってくれる人《ひと》のことを思《おも》ってみる!

きみのごはんはだれが作《つく》ったものかな? そのごはんは「みんなに大《おお》きくなってほしい」といった愛《あい》がつまっている。「作《つく》ってくれた人《ひと》の愛《あい》をむだにしない」と思《おも》ったら、残《のこ》さずに食《た》べる勇気《ゆうき》がわかないかい?

「食物《しょくもつ》アレルギー」 のせいで、
食《た》べられないものがあるのは、すききらいしているわけじゃない。
アレルギーの原因《げんいん》となるものは、むりして食《た》べてはいけないよ。

通学路《つうがくろ》は何《なん》のためにあるの？

おうちから学校《がっこう》までの道《みち》のりを通学路《つうがくろ》といいます。

ふだん何気《なにげ》なくすごしている町《まち》でも、家《いえ》や学校《がっこう》の外《そと》には、かんたんには気《き》づかないきけんがひそんでいます。

通学路《つうがくろ》は、そんなきけんからみんなを守《まも》るためにうまれたとくべつな道《みち》なのです。

通学路《つうがくろ》の近《ちか》くには、こんな標識《ひょうしき》があり、車《くるま》の運転手《うんてんしゅ》にもわかるようにしています。

このようなガードレールで守《まも》られているところもあります。

交通事故《こうつうじこ》が起《お》きにくい!

車《くるま》の通《とお》りが少《すく》ない、信《しん》号《ごう》や歩道《ほどう》、ガードレール、通学路《つうがくろ》とわかるしるしがあるかを確認《かくにん》します。

だれが決《き》めているの?

校長先生《こうちょうせんせい》や学校《がっこう》の先生《せんせい》、PTA《ピーティーエー》や警察《けいさつ》、地域《ちいき》の人《ひと》たちなど、たくさんの人《ひと》が協力《きょうりょく》しています。

これが通学路《つうがくろ》!
車《くるま》が多《おお》いから歩道橋《ほどうきょう》を渡《わた》る
24時間営業《じかんえいぎょう》のコンビニ
横断歩道《おうだんほどう》を作《つく》りました

災害《さいがい》のときに、危《あぶ》なくない!

地震《じしん》や大雨《おおあめ》などのときに、くずれそうながけやたてものが近《ちか》くにないかを考《かんが》えています。

たすけてくれる家《いえ》やお店《みせ》がある!

ちかくで事件《じけん》や事故《じこ》があったときにたすけてくれるようにちかくの家《いえ》やお店《みせ》に協力《きょうりょく》してもらいます。

家《いえ》に帰《かえ》るとほっとするのはなぜ？

学校《がっこう》でたくさんの人《ひと》と話《はな》す、先生《せんせい》の話《はなし》を集中《しゅうちゅう》して聞《き》く、車《くるま》に気《き》をつけて歩《ある》いて帰《かえ》る。毎日《まいにち》していることですが、こんなときみんなは知《し》らないうちに体《からだ》や心《こころ》がきんちょうしています。

いっぽう、自分《じぶん》の家《いえ》はこうしたきんちょうをすることが少《すく》ない、自分《じぶん》の「すみか」です。ここに帰《かえ》ってくると、「もう安心《あんしん》だ」と脳《のう》がはんだんして、いっきにきんちょうがゆるむのです。

みんながんばって生《い》きている

野生《やせい》の動物《どうぶつ》には、人間《にんげん》のような家《いえ》はありませんが、自分《じぶん》のなわばりの中《なか》に家《いえ》のようにひと休《やす》みできる場所《ばしょ》やときがあります。

サバンナの生活《せいかつ》

サバンナでは、たくさんの動物《どうぶつ》が生《い》きるために戦《たたか》いをくりひろげています。

昼《ひる》のシマウマ

シマウマのような草食動物《そうしょくどうぶつ》は、肉食動物《にくしょくどうぶつ》に追《お》われるので、いっしょうけんめいにげます。

昼《ひる》のチーター

チーターは動物《どうぶつ》の肉《にく》を食《た》べるために狩《か》りに出《で》かけ、いっしょうけんめい動物《どうぶつ》を追《お》いかけます。

なかまといっしょに

草《くさ》を食《た》べるために草原《そうげん》をわたり歩《ある》くシマウマには、決《き》まったすみかがありません。群《む》れの中《なか》の何《なん》びきかが見《み》はりをしてくれているおかげで、ねむれるのです。

木《き》の上《うえ》で

チーターといえど、ほかの肉食獣《にくしょくじゅう》はこわいもの。そこで、チーターは木《き》の上《うえ》をすみかにして、ほかの動物《どうぶつ》におそわれないようにします。

ほっとすることを集《あつ》めてみよう！

ときには、家《いえ》で気《き》が休《やす》まらないこともあるかもしれません。
でも、だいじょうぶ！　ほっとするのは、家《いえ》だけとはかぎりません。

ほっとスタンプポイントカード

一日《いちにち》の中《なか》でほっとする時間《じかん》を作《つく》れると、また明日《あした》もがんばろう！と思《おも》えます。

ほっとスタンプ

ほっとする場面《ばめん》はまだまだあります。みんなも自分《じぶん》がほっとする場所《ばしょ》や、ほっとするときをさがしてみましょう。

なんでゲームばかりしちゃいけないの？

おとなの中《なか》には「頭《あたま》が悪《わる》くなるからゲームばかりしちゃだめ」と言《い》う人《ひと》がいます。ゲームだって頭《あたま》を使《つか》うのにどうしていけないのでしょう。

それは、ゲームだけでは経験《けいけん》できないことがたくさんあるからです。体《からだ》を大《おお》きく動《うご》かしたり、自然《しぜん》とふれ合《あ》ったり、本《ほん》を読《よ》んだり、物《もの》を作《つく》ったり。そして、たくさんの人《ひと》と話《はな》したり。

これらの経験《けいけん》を積《つ》むほど、みんなの心《こころ》は大《おお》きく、強《つよ》くレベルアップします。多《おお》くのおとなは「子《こ》どものうちにいろんなことにチャレンジして、

ゲームから ちょっとはなれてみると

冒険《ぼうけん》にでかけてみよう！

ゲームばかりをだらだらとやっていても、ゲームは楽《たの》しめません。そんなときは、家《いえ》の外《そと》にでかけて、生《い》き物《もの》を観察《かんさつ》したり、さんぽをしてみたりしましょう。

成長《せいちょう》してほしい」と思《おも》っているのです。

ここは、アイテムショップです。
みんながレベルアップするために、
役立《やくだ》つアイテムを用意《ようい》しています。

〜目覚《めざ》めのブック〜

本《ほん》を読《よ》む

登場人物《とうじょうじんぶつ》の気持《きも》ちになってみたり、想《そう》像《ぞう》をふくらませたりしてみましょう。

Art

〜アートチケット〜

アートにふれる

絵《え》をかいたり、工作《こうさく》をしたりすると、アイデアをうみだす力《ちから》や集中力《しゅうちゅうりょく》が身《み》につきます。

〜聖《せい》なる虫《むし》かご〜

自然《しぜん》とふれ合《あ》う

みぢかな場所《ばしょ》にひそむ生《い》き物《もの》を観察《かんさつ》すると、思《おも》いがけない発《はっ》見《けん》に出《で》会《あ》えるかもしれません。

\レベルアップ/
ゆうたのレベル
ステータス
HP　50
Lv　9
おとなになるまで
あと11レベル
どれにしよう？

ゆめをかなえた人《ひと》を見《み》てみよう！

ここは、アコガレール広場《ひろば》。ゆめをかなえた人《ひと》が集《あつ》まります。かれらは小学校《しょうがっこう》のときにゲームだけでなくいろいろなことにチャレンジして、さまざまな力《ちから》を手《て》に入《い》れました。いったい、どんなことをしてきたのでしょうか？

サッカー選手《せんしゅ》

いろいろなスポーツにちょうせん！

サッカー選手《せんしゅ》をめざすなら、もちろんサッカーの練習《れんしゅう》をすることが欠《か》かせません。でも、トップでかつやくしている選手《せんしゅ》はバランス力《りょく》やすばやい判断力《はんだんりょく》をみがくために、ヨガや卓球《たっきゅう》などにもチャレンジしているそうです。

パティシエ

こまかい部分《ぶぶん》にもこだわってみる！

おかしを食《た》べては、味《あじ》や食《た》べごたえ、香《かお》りなど、おいしさのひみつを深《ふか》く研究《けんきゅう》し、おかしづくりにいかしています。子《こ》どものころからアクセサリーづくりをしていたことで、ケーキなどのかざりつけが上手《じょうず》になったという人《ひと》もいます。

やあ！
ぼくの
すきなゲームを
つくってくれた人《ひと》だ！
キズナ
ようこそ
アコガレール
広場へ

ファッションデザイナー

洋服《ようふく》を見《み》におでかけ!

ファッションショーで最新《さいしん》のファッションを勉強《べんきょう》したり、古着屋《ふるぎや》さんでこだわりにあふれた服《ふく》を見《み》たりして、デザインのヒントをさがします。作《つく》りたい服《ふく》がイメージできたら、色《いろ》の組《く》み合《あ》わせや形《かたち》に気《き》を配《くば》って、デザインのスケッチをかきます。

ユーチューバー

おもしろいことをさがす!

テレビのバラエティー番組《ばんぐみ》やお笑《わら》い番組《ばんぐみ》などを見《み》て、おもしろい企画《きかく》や演出《えんしゅつ》の発想力《はっそうりょく》をみがきました。また、いろいろな場所《ばしょ》に行《い》ったり、人《ひと》に会《あ》ったりして、度胸《どきょう》や行動力《こうどうりょく》をゲットするのも大切《たいせつ》です。

医者《いしゃ》

身《み》のまわりを観察《かんさつ》してみる!

むずかしい試験《しけん》に合格《ごうかく》し、医者《いしゃ》になるには、勉強《べんきょう》をがんばることがいちばんです。でも、医者《いしゃ》になった人《ひと》の中《なか》には、子《こ》どものときに虫《むし》をつかまえたり、身《み》のまわりをじっくり観察《かんさつ》することが好《す》きだったという人《ひと》がいます。こうした経験《けいけん》が、患者《かんじゃ》さんのわずかな変化《へんか》に気《き》づく力《ちから》につながるのかもしれません。

ゲームプログラマー

ゲームを自分《じぶん》で作《つく》ってみる!

ゲーム会社《がいしゃ》ではたらくための試験《しけん》では自分《じぶん》で作《つく》ったゲームを発表《はっぴょう》することがあります。そのため、子《こ》どものころからプログラムを学《まな》んで、かんたんなゲームを作《つく》っている人《ひと》が多《おお》いようです。また、最新《さいしん》のプログラムを学《まな》ぶために、英語《えいご》を勉強《べんきょう》している人《ひと》もいます。

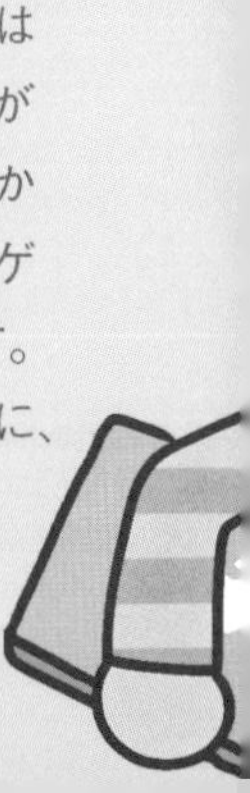

まいにちのふしぎ

どうして早《はや》く宿題《しゅくだい》をしなさいって言《い》うの？

それは、おそくなればなるほど、みんながこまるからです。おうちでは夕《ゆう》ごはんを食《た》べて、おふろに入《はい》って、ねむらなくてはいけません。やることがいっぱいです。

ここで宿題《しゅくだい》を後回《あとまわ》しにすると、おふろを出《で》たころには頭《あたま》は「休《やす》みましょう」モードに入《はい》ってしまい、さらに宿題《しゅくだい》に時間《じかん》がかかります。すると、やるべきこともやりたいこともできなくなってしまいます。

やるべきことはさっさとおわらせておいたほうが楽《らく》だろうと、おとなは考《かんが》えているのです。また、時間《じかん》をうまく使《つか》えるようになると、すきなことをするためのよゆうもうまれます。

\ とつげきインタビュー!! /

宿題 どんないいことがありますか?

宿題《しゅくだい》をすぐにやっておくと、どんないいことがあるのかいろいろな人《ひと》にインタビューしてみました。

やってみよう

おうちの時間割《じかんわり》を作《つく》ろう!

家《いえ》でやらなきゃいけないことはたくさんあります。そこで、やるべきことをささっとおわらせて自分《じぶん》のやりたいことをするために、おうちの時間割《じかんわり》を作《つく》ってみましょう。

①「しなくてはいけないこと」「やりたいこと」を紙《かみ》に書《か》きだす。

自分《じぶん》が毎日《まいにち》
どんなことをしているか、
ふりかえってみてね。

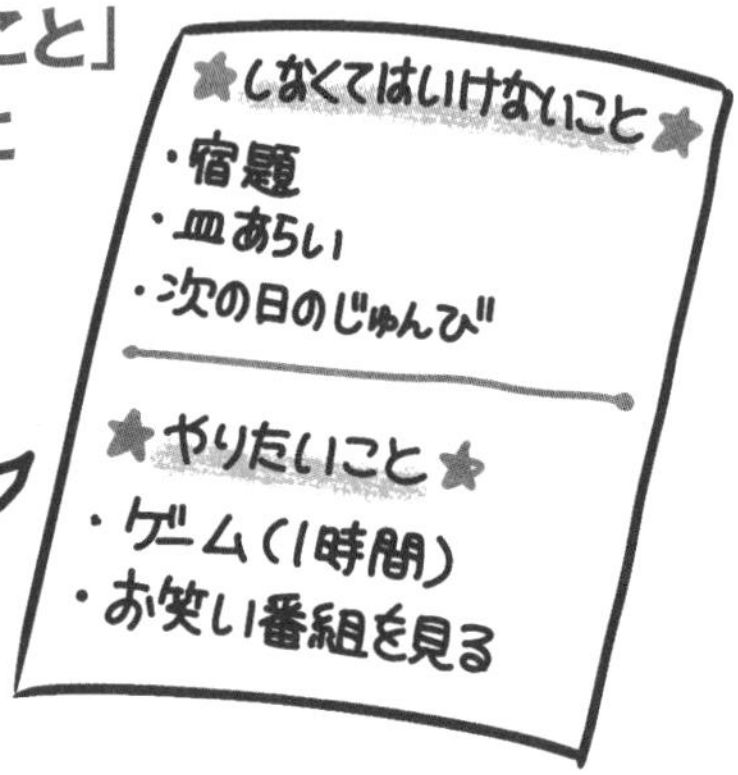
★しなくてはいけないこと★
・宿題
・皿あらい
・次の日のじゅんび
★やりたいこと★
・ゲーム(1時間)
・お笑い番組を見る

②左《ひだり》ページの時間割《じかんわり》に自分《じぶん》の予定《よてい》を書《か》きこんでおうちの時間割《じかんわり》を作《つく》る。

コピーして
使《つか》うのもいいね!

★宿題《しゅくだい》やお手伝《てつだ》いなど
「しなくてはいけないこと」
からうめるのがおすすめです。

[　　　　　　　　　　]の時間割《じかんわり》

	月《げつ》	火《か》	水《すい》	木《もく》	金《きん》
13:00					
14:00	例《れい》)宿題《しゅくだい》				
15:00	例《れい》)おやつ				
16:00	例《れい》)ゲーム				
17:00	例《れい》)おふろ				
18:00	例《れい》)テレビ				
19:00	例《れい》)皿洗《さらあら》い				
20:00					
21:00					
22:00					

なんでかたづけなくちゃいけないの？

かたづけをする理由《りゆう》は「何《なに》がどこにあるか」をはっきりさせるためです。

ものをおく場所《ばしょ》がちゃんと決《き》まっていないと、下《した》の絵《え》のようなこまったことが起《お》こります。

さらに、かたづけられていない部屋《へや》では、目《め》に入《はい》るものがごちゃごちゃ

かたづけができていないと…

勉強《べんきょう》に
集中《しゅうちゅう》できない
さがし物《もの》が
見《み》つからない
イラ
イラ
虫《むし》やにおいが
気《き》になる
ものにつまずいて
けがをする
準備《じゅんび》に時間《じかん》がかかる

しているので、頭《あたま》の中《なか》もすっきりしません。すると、何《なに》もしていないのにイライラすることがふえます。

そして、やりたいことに集中《しゅうちゅう》できず、やる気《き》もなくなってしまうのです。

でも、かたづけができていると、心《こころ》や時間《じかん》によゆうができ、楽《たの》しくすごせるようになります。


かたづけができていると…

さがし物《もの》が
すぐ見《み》つかる
これかすよ!
友《とも》だちを
おうちによべる
勉強《べんきょう》の
やる気《き》アップ!
すばやく行動《こうどう》できる
きれいで気持《きも》ちいい!

やってみよう

ゲーム感覚《かんかく》で楽《たの》しくおかたづけ!

めんどうなかたづけも、工夫《くふう》しだいでゲームに早変《はやが》わりします。かたづけのルールやこだわりを決《き》めて、楽《たの》しく取《と》り組《く》んでみましょう。

かたづけのじっきょうちゅうけいで楽《たの》しく!

かたづけって地味《じみ》だし、つまらない…。そんな人《ひと》には、「じっきょうちゅうけい」がおすすめです。かたづけをしながら、そのもようをアナウンスすると、きんちょう感《かん》がうまれて、楽《たの》しめます。

さぁ、まさる選手《せんしゅ》!
今日《きょう》は好《す》きな作品順《さくひんじゅん》に
本《ほん》を並《なら》べていく!
あぁーと!!
ここで本《ほん》を落《お》とす
つうこんのミス!

2 タイムアタックですばやくきれいに!

てきぱきかたづけるのがにがてな人《ひと》には、「タイムアタック」がぴったりです。タイムアタックとは、決《き》められた時間《じかん》までに何《なに》かをおわらせるきょうそうです。時間《じかん》を決《き》めてさくっとかたづけてしまいましょう。

好《す》きな音楽《おんがく》をかけて、
1曲《きょく》おわるまでにかたづけ!
歌《うた》いながらやれば、楽《たの》しさも
さらにアップします。

おうちの人《ひと》ときょうそう!
勝《か》った人《ひと》にごほうび、
負《ま》けた人《ひと》にばつゲームなどをかすと、
より本気《ほんき》で片《かた》づけられます。

かたづけが終《お》わったら、
点数《てんすう》をつけてもらいましょう!
ポイントがたまったら、
ごほうびをもらうのもオススメです。

なぜ、毎日《まいにち》おふろに入《はい》るの？

人間《にんげん》は、はげしい運動《うんどう》をしなくても毎日《まいにち》たくさんのあせをかいています。

おふろに入《はい》らずほうっておくと、あせの成分《せいぶん》が変《か》わっていやなにおいがします。そのうち、皮《ひ》ふによごれがたまり、かゆくなり、病気《びょうき》の原因《げんいん》になることもあります。毎《まい》日元気《にちげんき》にすごすためにはおふろがかかせないのです。

おふろに入《はい》らないと

いやな
においがする!
よごすぜ!
よごれや菌《きん》が
たまってかゆくなる!

おふろのここがすごいんです！

① 病気《びょうき》の原因《げんいん》となるものを追《お》い出《だ》す！

おふろの湯気《ゆげ》で鼻《はな》やのどがうるおうと、病気《びょうき》をもたらすばい菌《きん》などが、体《からだ》の中《なか》に入《はい》りにくくなります。

② 体《からだ》の筋肉《きんにく》をリラックスさせる！

一日中《いちにちじゅう》がんばった体《からだ》の筋肉《きんにく》は固《かた》くなります。お湯《ゆ》の中《なか》では、かちかちになった筋肉《きんにく》がゆるむのでつかれがとれます。

③ はだがきれいになる！

体《からだ》じゅうの毛《け》あなが開《ひら》くと、はだのよごれや、よけいなあぶらがとれます。せっけんのいい香《かお》りで気分《きぶん》てんかんもできます。

日本《にほん》とちがう？ 世界《せかい》のおふろ事情《じじょう》

世界《せかい》のおふろには、国《くに》や地域《ちいき》ごとにさまざまなとくちょうがあるようです。

世界《せかい》のおふろ大集合《だいしゅうごう》
ふしぎ!!

お湯《ゆ》につからない!?

ヨーロッパではお湯《ゆ》につかる習慣《しゅうかん》はあまりありません。バスタブがあったとしても、洗《あら》い場《ば》がないので、バスタブの中《なか》で立《た》ったままシャワーをあびます。

中国《ちゅうごく》では週《しゅう》に3回《かい》くらいかな
ブラジルは週《しゅう》に12回《かい》くらいあびるよ!

シャワーをあびる回数《かいすう》がちがう!

水《みず》が貴重《きちょう》な地域《ちいき》では、シャワーの回数《かいすう》は少《すく》なくします。逆《ぎゃく》に暑《あつ》い国《くに》では体《からだ》をきれいに保《たも》つため何回《なんかい》も体《からだ》を洗《あら》います。

親子《おやこ》でいっしょに入《はい》らない!?

日本《にほん》とちがって、外国《がいこく》では湯船《ゆぶね》に入《はい》る習慣《しゅうかん》がないので、親子《おやこ》でおふろに入《はい》りません。

世界の
楽しぶろ
エリア
どっちにしよう？

韓国《かんこく》の汗蒸幕《ハンジュンマク》

松《まつ》の木《き》をもやして、土《つち》や石《いし》でできたドームをあたため、熱《あつ》さよけの布《ぬの》をかぶって入《はい》ります。

フィンランドのロウリュサウナ

熱《ねっ》した石《いし》に水《みず》をかけて中《なか》をあたためたもの。サウナはフィンランドで生《う》まれました。

温泉《おんせん》は水着《みずぎ》で入《はい》る？

ヨーロッパにも体《からだ》の悪《わる》いところを治《なお》す効果《こうか》があると考《かんが》えられている温泉《おんせん》があります。外国《がいこく》では、温泉《おんせん》はプールのようなレジャーとして人気《にんき》のため、みんなで水着《みずぎ》を着《き》て入《はい》ります。

まいにちの
ふしぎ

おとなは夜《よ》ふかしして何《なに》をしているの？

おとなは夜《よ》ふかししてずるいと思《おも》ったことはありますか？　でも、おとなにも起《お》きていたい理由《りゆう》があるようです。ある家《いえ》のようすをこっそりのぞいてみましょう。

大公開《だいこうかい》

月曜日《げつようび》

昼間《ひるま》にできなかった家事《かじ》や持《も》ち帰《かえ》ってきたしごとをしています。

火曜日《かようび》

昼間《ひるま》あったいやなできごとをきいてもらい、なぐさめてもらっています。

おとなの夜《よ》ふかし

水曜日《すいようび》

子育《こそだ》てや家族《かぞく》にかかるお金《かね》について相談《そうだん》しています。

木曜日《もくようび》

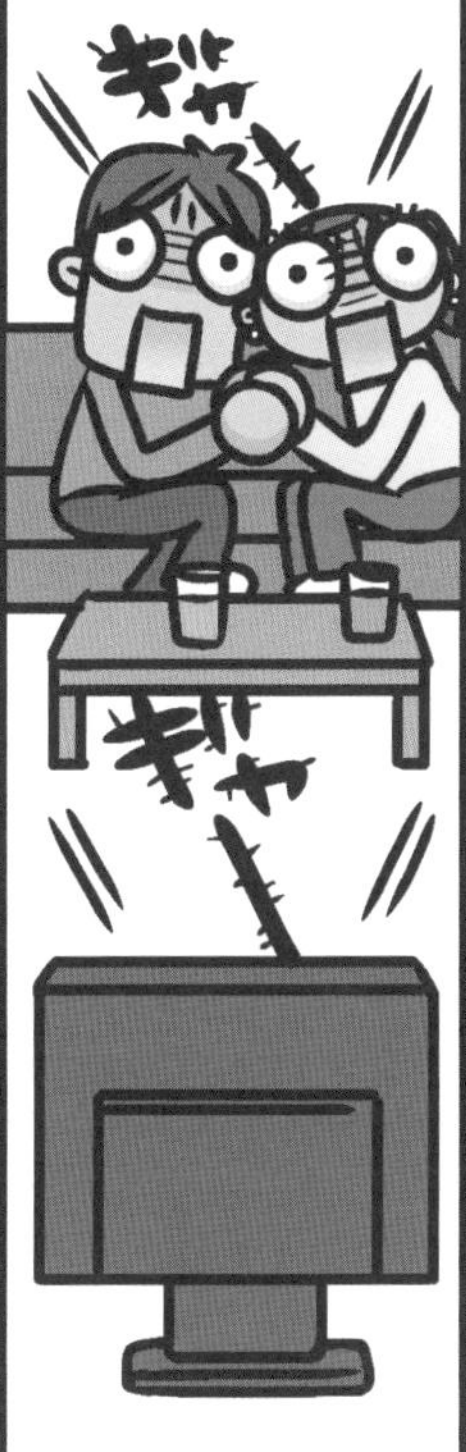

子《こ》どもたちがいるところでは、見《み》られないこわい映画《えいが》を見《み》ています。

金曜日《きんようび》

すきなことをしたり、体《からだ》をケアしたりして、のんびりすごしています。

このようにおとなは夜《よ》ふかしして、明日《あす》もがんばるための準備《じゅんび》をしています。応援《おうえん》するために、早《はや》くねてあげてくださいね。

「家《いえ》しごと」たんていになろう!

「家《いえ》しごと」とは、食事《しょくじ》の準備《じゅんび》やそうじ、洗《せん》たくなど、家族《かぞく》が毎日《まいにち》くらしていくためにするしごとのことです。

あなたが気《き》づかないところにも、家《いえ》しごとはひそんでいます。たんていになった気分《きぶん》で家《いえ》しごとをさがしてみましょう。

ようい するもの

・筆記用具《ひっきようぐ》
・ノートやもぞうし

1 どんな家《いえ》しごとがあるかさがす

おうちの人《ひと》に聞《き》いたり、おうちの人《ひと》が家《いえ》の中《なか》でどんなしごとをしているか観察《かんさつ》して、家《いえ》しごとをさがしてみましょう。

目《め》につきにくいちょっとしたことでも、いそがしいおうちの人《ひと》にとっては、重《かさ》なるとたいへんです。

食器《しょっき》のかたづけはたいへんなの
フムフム
あ、洗剤《せんざい》なくなりそうだ。つめかえるのも家《いえ》しごとかな?
ごみを集《あつ》めているのも、家《いえ》しごとだね

2 家《いえ》しごとリストを作《つく》る

さがした家《いえ》しごとをノートにまとめて、家《いえ》しごとリストを作《つく》ります。

できたらおうちの人《ひと》に見《み》せて、どのしごとをするか相談《そうだん》してみましょう。

もー!
やることが
いっぱいだわ!
家しごとリスト
1 食器のかたづけ
2 シャンプーのつめかえ
3 家の中のごみ集め
4 おでかけ前に電気が きえているかチェックする
5 ポストの中をチェックして 家族の手紙を うけとる
6
こんなに
あったんだ!

よいしょ

3 家《いえ》しごとをやってみる

おうちの人《ひと》に「このしごとは自分《じぶん》が担当《たんとう》します！」と伝《つた》えて、発見《はっけん》した家《いえ》しごとをやってみましょう。

4 家《いえ》しごとたんていレポートにまとめ、発表《はっぴょう》する

見《み》つけた家《いえ》しごと、どんな場所《ばしょ》でするか、家《いえ》しごとの内容《ないよう》やむずかしさ、やってみた感想《かんそう》などをまとめます。

もぞうしに書《か》いて、発表《はっぴょう》しましょう。

家しごとたんていレポート
ぼく
食器《しょっき》のかたづけ
時間《じかん》…ごはんのあと
場所《ばしょ》…台所《だいどころ》
やったこと…
お母《かあ》さんが洗《あら》ったお皿《さら》を食器《しょっき》だなにならべる。
この家《いえ》しごとのコツ…
わらないように落《お》ちついてかたづける。
よく使《つか》う食器《しょっき》やコップは取《と》り出《だ》しやすい場所《ばしょ》にしまった。
気《き》づきにくい家《いえ》しごとがあったので、見《み》つけたら自分《じぶん》からやろうと思《おも》いました！
へぇ

くらしのふしぎ

くらしのふしぎ

なんで「ウチはウチ、ヨソはヨソ」って言《い》うの？

たとえば、「なぜ友《とも》だちが持《も》っているゲームを買《か》ってくれないの？」と聞《き》いたら、「ウチはウチ、ヨソはヨソ」なんて言《い》われるかもしれません。これは、友《とも》だちの家《いえ》と自分《じぶん》の家《いえ》でルールがちがうためです。

それぞれの家《いえ》ではお金《かね》や食事《しょくじ》、家《か》事《じ》について考《かんが》えかたがちがいます。

ほしいものは何《なん》でも買《か》ってあげる家《いえ》もあれば、がまんしたり、物《もの》を大《たい》

なかよし家《け》のルール

ほしいものは ごほうびとして 買《か》ってもらう
みんなでそろって 朝《あさ》ごはんを食《た》べる
当番《とうばん》の人《ひと》が かたづける
宿題《しゅくだい》はねる前《まえ》までにやる
当番表
せんたく
ゴミ
フロそうじ
服たたむ
トイレそうじ
犬のさんぽ
ママ
パパ
ボク
おはよう

切《せつ》にしたりできる心《こころ》をもってほしいから、プレゼントの回数《かいすう》をへらしている家《いえ》もあります。

このため、それぞれの家《いえ》でちがいがうまれるのです。

やってみよう

家族《かぞく》のルールを見直《みなお》そう！

それぞれの家《いえ》の決《き》まりごとはくらしに合《あ》わせて変《か》えることもできます。おうちの人《ひと》に相談《そうだん》してみましょう！

ふだんは宿題《しゅくだい》や習《なら》いごとでいそがしいから、そうじは土曜日《どようび》にしたいんだけどいい？

しっかり家《け》のルール

ごはんはそれぞれとる
宿題《しゅくだい》をしてからおやつを食《た》べる
自分《じぶん》のものは自分《じぶん》でかたづける

くらしのふしぎ

電話《でんわ》で「もしもし」と言《い》うのはなぜ？

「もしもし」とは、「申《もう》しあげます」という言葉《ことば》を短《みじか》くした言葉《ことば》で、約一五〇年以上前《やくひゃくごじゅうねんいじょうまえ》から使《つか》われていたといわれています。「申《もう》す」とは、「話《はな》す」をていねいに表現《ひょうげん》した言葉《ことば》です。

日本《にほん》で電話《でんわ》が使《つか》われ始《はじ》めたのは、今《いま》から約一三〇年前《やくひゃくさんじゅうねんまえ》のことです。

そのころは、かぎられた人《ひと》しか電話《でんわ》を持《も》っていませんでした。電話《でんわ》をかけるときは、電話局《でんわきょく》という施設《しせつ》にかけ、電話《でんわ》のこうかんしゅに相手《あいて》の電話《でんわ》をよびだしてもらっていました。このとき、電話《でんわ》をつなぐこうかんしゅは「もしもし」とよびかけて、話《はなし》をするタイミングを伝《つた》えていたのです。今《いま》でも電話《でんわ》をするときに「もしもし」と話《はな》しかけるのは、このあいさつのなごりといわれています。

110年《ねん》くらい前《まえ》の電話《でんわ》のしくみ

① 電話《でんわ》をかける

受話機《じゅわき》を持《も》ちあげると、電話局《でんわきょく》のこうかんしゅにつながります。

受話機《じゅわき》
本局《ほんきょく》●●●番《ばん》の
▲▲新聞東京本社《しんぶんとうきょうほんしゃ》を
おねがいします。

開通

② こうかんしゅが電話《でんわ》をつなげる

電話《でんわ》がかかってくると、こうかんしゅは電話《でんわ》をかけてきた人《ひと》が話《はな》したい相手《あいて》の電話番号《でんわばんごう》に回線《かいせん》をつなげます。

③ 相手《あいて》につながる

もし、
もし…

「もし」が1回《かい》だけだと…？

電話《でんわ》ができるより前《まえ》の時代《じだい》、ようかいは人《ひと》をよぶとき、1回《かい》だけよびかけるとされていました。電話《でんわ》では相手《あいて》のすがたが見《み》えないので、「もしもし」と2回話《かいはな》しかけ、相手《あいて》を安心《あんしん》させていたという説《せつ》があります。

江戸《えど》時代《じだい》から使《つか》われていた言葉《ことば》たち

わたしたちが使《つか》っている言葉《ことば》には、昔《むかし》から使《つか》われていた言葉《ことば》がたくさんあります。ここでは今《いま》から一五〇年《ひゃくごじゅうねん》以上前《いじょうまえ》の江戸時代《えどじだい》に生まれた言葉《ことば》のいわれを見《み》てみましょう。

ごちそうさま

むかしはお客《きゃく》さんのために、馬《うま》を走《はし》らせて食《た》べ物《もの》を用意《ようい》していました。馬《うま》を走《はし》らせることを当時《とうじ》は「馳走《ちそう》」と呼《よ》び、お客《きゃく》さんは感謝《かんしゃ》の気持《きも》ちをこめて「ごちそうさま」と言《い》ったのです。

ごまかす

江戸時代《えどじだい》にあった、「胡麻胴乱《ごまどうらん》」というおかしは、おいしそうに見《み》えて、じつは中身《なかみ》は空《から》っぽでした。そこからうわべだけをとりつくろうことを「胡麻菓子《ごまがし》」と言《い》うようになり、さらに「ごまかす」に変《か》わりました。

あいぼう

江戸時代《えどじだい》には、「かご」という、一本《いっぽん》のぼうを前《まえ》と後《うし》ろの二人《ふたり》でかつぎ人《ひと》を運《はこ》ぶ乗《の》り物《もの》がありました。そこから力《ちから》を合《あ》わせて何《なに》かをする相手《あいて》を「あいぼう」と言《い》うようになりました。

首《くび》ったけ

もとは「首丈《くびたけ》」という言葉《ことば》で、足元《あしもと》から首《くび》までの体全体《からだぜんたい》のことをいいます。ねっちゅうしてどっぷりはまりこむ、という意味《いみ》で使《つか》われていました。

てこずる

「てこ」という道具《どうぐ》をつかって、重《おも》い物《もの》を持《も》ち上《あ》げようとしたとき「てこ」がずれてしまい、物《もの》を持《も》ち上《あ》げるのに時間《じかん》がかかったことから「てこずる」といわれるようになったそうです。

くらしの
ふしぎ

どうして食《た》べ物《もの》はいたむの？

それは「微《び》生《せい》物《ぶつ》」のせいです。

みんなの身《み》のまわりには、目《め》には見《み》えないぐらい小《ちい》さな生《い》き物《もの》「微《び》生《せい》物《ぶつ》」がたくさんいます。

微《び》生《せい》物《ぶつ》は食《た》べ物《もの》が大《だい》すきです。微《び》生《せい》物《ぶつ》が、食《た》べ物《もの》にくっつき、ふえると、かびたりくさったりします。このことを「いたむ」といいます。

むかしから人《ひと》は、食《た》べ物《もの》がいたむのをくいとめようと微《び》生《せい》物《ぶつ》と戦《たたか》ってきました。

一《いち》まく　微《び》生《せい》物《ぶつ》登《とう》場《じょう》
しょんぼり 微生物《びせいぶつ》 げきじょう
カビや細菌《さいきん》といった微生物《びせいぶつ》は、おうちにある食《た》べものを食《た》べようといつもねらっています。
細菌《さいきん》
食《た》べさせろ！
おいしそう！
カビ

二《に》まく　微生物《びせいぶつ》との戦《たたか》い

さとう、塩《しお》
アタック！
バサー！
ひえ
ワァ！
キュッ
キャッ
ビンのふた
ブロック！
やめて〜
れいぞうこ
ビーム！

微生物《びせいぶつ》は空気《くうき》と水《みず》があるあたたかい場所《ばしょ》で活動《かつどう》します。このため、空気《くうき》にふれないようにしたり、れいぞうこで冷《ひ》やしたりすると、微生物《びせいぶつ》が活動《かつどう》しにくくなります。また、さとうや塩《しお》のような水分《すいぶん》をうばうはたらきのある調味料《ちょうみりょう》などにつけることでも、微生物《びせいぶつ》のはたらきを弱《よわ》められます。

三《さん》まく　弱《よわ》りはてた微生物《びせいぶつ》

たすけてー

このように食《た》べ物《もの》を空気《くうき》にふれないようにほぞんすると、微生物《びせいぶつ》は動《うご》けなくなります。このため、食《た》べ物《もの》がいたむのをおくらせられるのです。ですが、びんを開《あ》けたりすれば、微生物《びせいぶつ》はふたたび動《うご》きだします。食《た》べかけのものは早《はや》く食《た》べてしまいましょう。

むかしの人《ひと》も食《た》べていた!? 保存食品大集合《ほぞんしょくひんだいしゅうごう》!

食《た》べ物《もの》をおいしく長持《ながも》ちさせるテクニックは、かなりむかしからあみ出《だ》されてきました。しかも、その中《なか》には微生物《びせいぶつ》が役立《やくだ》っているものもあるのです。

酢《す》づけ

酢《す》づけは、食《た》べ物《もの》を酢《す》につけたもの。酢《す》のすっぱい味《あじ》のもと「酸《さん》」は、微《び》生物《せいぶつ》を弱《よわ》らせるので、食《た》べ物《もの》がいたみにくくなります。

じつは、微生物《びせいぶつ》が
酢《す》をつくっているんだよ!

白菜漬

つけもの

つけものは、食《た》べ物《もの》を塩《しお》などでつけたもの。微生物《びせいぶつ》の活動《かつどう》には水分《すいぶん》が欠《か》かせませんが、塩《しお》には食《た》べ物《もの》の水分《すいぶん》をうばうはたらきがあるので、微生《びせい》物《ぶつ》が活動《かつどう》しにくくなります。

水《みず》がないと
死《し》んじゃう!

ジャム

さとうづけ

さとうづけは、食《た》べ物《もの》をさとうにつけたもの。さとうも塩《しお》と同《おな》じで、微生物《びせいぶつ》の活動《かつどう》に必要《ひつよう》な水分《すいぶん》をうばうはたらきがあります。

さとうづけした果物《くだもの》を
かわかせばドライフルーツに!

ひもの・乾物《かんぶつ》

ひもの・乾物《かんぶつ》は、食《た》べ物《もの》をかわかして、微生物《びせいぶつ》の活動《かつどう》にひつような水分《すいぶん》をなくしたものです。

干しいたけ

くんせい

生ハム
かつお節

くんせいは、けむりの成分《せいぶん》を食《た》べものにしみこませたものです。この成分《せいぶん》は、微生物《びせいぶつ》をころしたり、水分《すいぶん》をうばったりします。

かつお節《ぶし》は、微生物《びせいぶつ》の力《ちから》をかりてできるよ。

はっこう食品《しょくひん》

微生物《びせいぶつ》は、人《ひと》の体《からだ》にとってよいものをつくることがあります。これを「はっこう」といいます。はっこうすることで長持《ながも》ちしやすくなるだけでなく、栄養《えいよう》もふえます。

ほら、役《やく》に立《た》っているでしょ！

じつは、ひものや磯《いそ》でつけるやり方《かた》は、日本《にほん》では一〇〇〇年《せんねん》いじょう前《まえ》から魚《さかな》などのほぞん方法《ほうほう》として使《つか》われてきました。さとうづけは約四〇〇年前《やくよんひゃくねんまえ》の江戸時代前期《えどじだいぜんき》にはすでに行《おこな》われていたといいます。こうして生《う》み出《だ》されたむかしの人《ひと》たちのちえは、今《いま》もわたしたちの生活《せいかつ》にかかせないものになっています。

くらしの
ふしぎ

こしょう少々《しょうしょう》ってどのくらい？

家《いえ》や学校《がっこう》で料理《りょうり》をしたりおかしを作《つく》ったりするとき、ざいりょうのところに「少々《しょうしょう》」と書《か》いてあることがあります。

ほかのものにはしっかり分量《ぶんりょう》が書《か》いてあるので、ぎもんに思《おも》う人《ひと》は多《おお》いようです。

「少々《しょうしょう》」は親指《おやゆび》と人差《ひとさ》し指《ゆび》でつまんだ量《りょう》のこと。正式《せいしき》には〇《れい》・五《ご》グラムとされています。

ひとつまみ
親指《おやゆび》、人差《ひとさ》し指《ゆび》、中指《なかゆび》でつまんだ量《りょう》。
これが少々《しょうしょう》！
計量《けいりょう》スプーン
計量《けいりょう》カップ
はかり

この「少々《しょうしょう》」が使《つか》われるのは、料理《りょうり》の味《あじ》をととのえるときです。人《ひと》それぞれ、「おいしい」と思《おも》う味《あじ》はちがうので、味見《あじみ》をしながら調整《ちょうせい》します。このため「少々《しょうしょう》」というあいまいな言葉《ことば》をわざと使《つか》っているのです。

おいしさを決《き》める いろいろなはかりかた

けいけんを使《つか》う

道具《どうぐ》などを使《つか》わず、目《め》で見《み》てだいたいの量《りょう》をはかります。長年《ながねん》のけいけんで「これくらい」だとわかるのです。

お母《かあ》さんって すごいね!
SALT
たくさん入《い》れちゃえ!

ひとつかみ

かた手《て》で軽《かる》く つかめるりょう。

やってみよう

てきとう クッキングにちょうせん!

料理《りょうり》には、目分量《めぶんりょう》も大切《たいせつ》です。そこで、この目分量《めぶんりょう》をうまく使《つか》って、てきとうクッキングにちょうせんしてみましょう。

すいはんきのスイッチをおすだけ! ほっとくだけはちみつケーキ

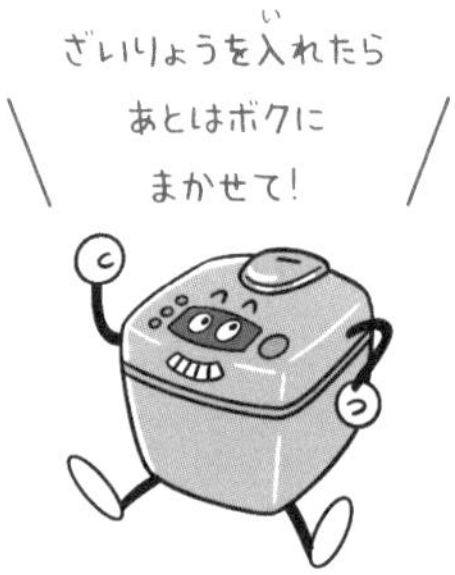
ざいりょうを入《い》れたら
あとはボクに
まかせて!

ざいりょう(6～10人分《にんぶん》)

たまご…1こ、ぎゅうにゅう…コップ1ぱい(150cc)
ホットケーキミックス…1ふくろ(200g)、塩《しお》…ひとつまみ
ハチミツ…大《おお》さじ3～5　バター…大《おお》さじ1

作《つく》りかた

① たまごとぎゅうにゅうをまぜたあとホットケーキミックスと塩《しお》をまぜ、そこにハチミツを入《い》れます。

② バターを、すいはんがまのうちがわにぬります。
③ まぜたざいりょうをすいはんがまに入《い》れ、トントンとたてにふって空気《くうき》をぬきます。
④ すいはんきのスイッチを入《い》れて、焼《や》きます。

生焼《なまや》けだったら
2～3回《かい》焼《や》いてね

かんたんまくだけ!
かに風味《ふうみ》かまぼこのレタスまき

ざいりょう（2人分《りぶん》）

たのしく
まいてね!

レタス…4まい、かに風味《ふうみ》かまぼこ…4本《ほん》、
青《あお》じその葉《は》…4まい
たれ　しょうゆ…大《おお》さじ1/2、レモンじる…大《おお》さじ1/2、
　　　さとう…小《こ》さじ1

作《つく》りかた

① たれのざいりょうをまぜて
　つけだれを作《つく》ります。
② 青《あお》じそはあらって、
　じくを取《と》っておきます。
　レタスはあらって、1枚《まい》ずつちぎります。
③ レタスの上《うえ》に、かに風味《ふうみ》かまぼこや
　青《あお》じその葉《は》をたてにおきます。
④ 下《した》の絵《え》のようにレタスをまきます。
　たれにつけて食《た》べよう！

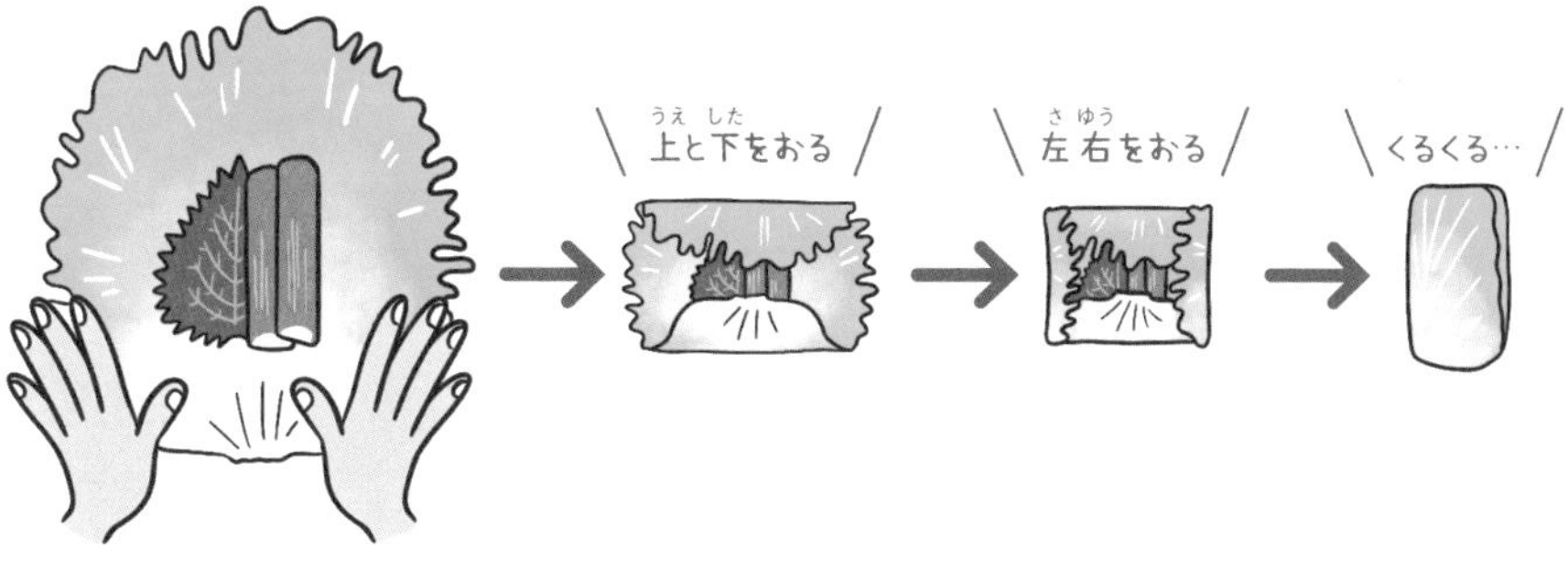
上《うえ》と下《した》をおる
左右《さゆう》をおる
くるくる…

どうして洗剤《せんざい》でよごれが落《お》ちるの？

それは、洗剤《せんざい》にふくまれる「界面活性剤《かいめんかっせいざい》」というくすりのおかげです。このくすりは、水《みず》と油《あぶら》のようにまじりあわないもののあいだに入《はい》って、水《みず》と油《あぶら》がくっつくようにしてしまうのです。

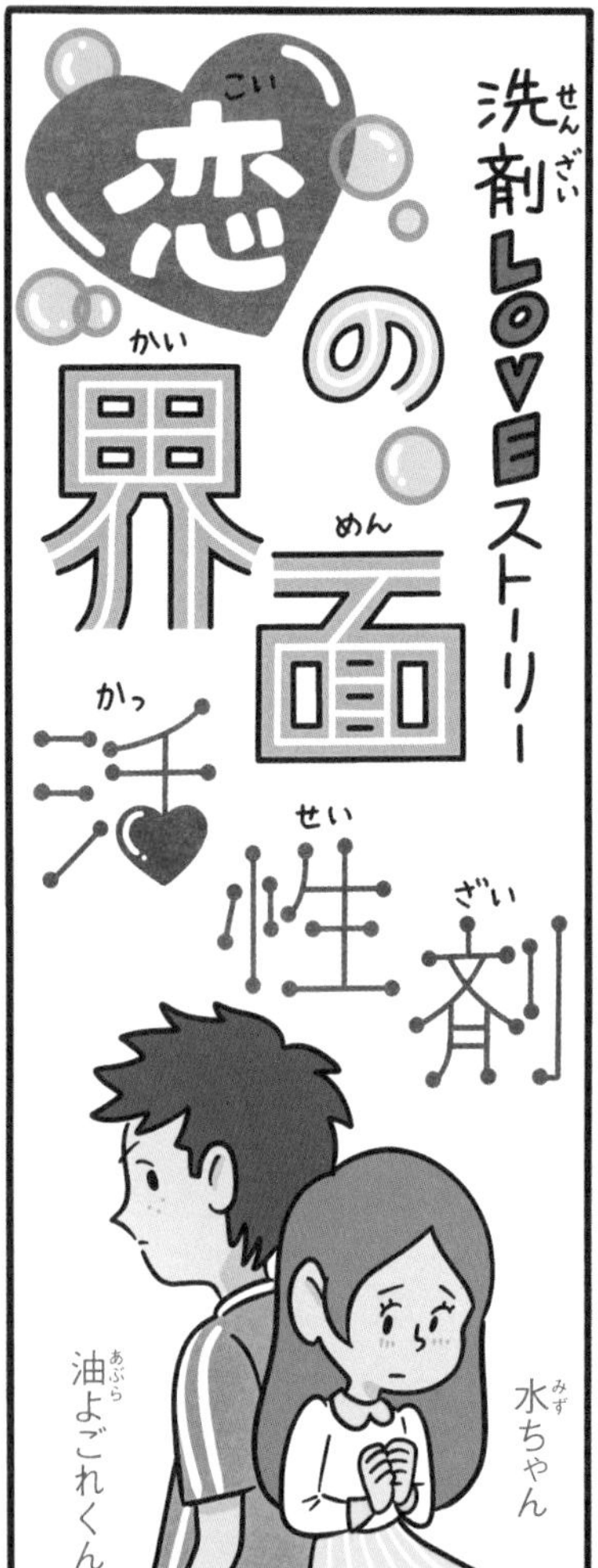
洗剤《せんざい》LOVEストーリー
恋《こい》の界《かい》面《めん》活《かっ》性《せい》剤《ざい》
油《あぶら》よごれくん
水《みず》ちゃん

注意《ちゅうい》！このストーリーは、洗剤《せんざい》で食器《しょっき》のよごれが落《お》ちるしくみのお話《はなし》である。

ここは「サラ学園《がくえん》」。食《た》べ物《もの》のよごれが集《あつ》まる場所《ばしょ》だ。
水《みず》ちゃんはしつこい油《あぶら》よごれくんがにがて。二人《ふたり》は相性《あいしょう》が悪《わる》く、まじり合《あ》うことはなかった。
そんなある日《ひ》…
あっ
界面
ドン
あぶない!
ツルッ
バシャ
界面活性剤《かいめんかっせいざい》が油《あぶら》よごれにふりかかったのだ!
え!?
おや? 油《あぶら》よごれの様子《ようす》が…
だいじょうぶ? もう、ムリするんだから!
水《みず》ちゃん、おれたち なかよくしようぜ!
ギュッ
……えっ?
界面活性剤《かいめんかっせいざい》のおかげでむすばれた水《みず》と油《あぶら》はするっとサラ学園《がくえん》を飛《と》び出《だ》した。こうして二人《ふたり》は排水口《はいすいこう》へと流《なが》されていったのだった…。

家《いえ》のよごれを見《み》つけだせ！ よごれバスターズ

油《あぶら》よごれ以外《いがい》にもしつこいよごれは家《いえ》にたくさんあります。みんなでやっつけましょう！

がんばってそうじをするぞー！
おー！
ヨゴレーズ
①
ほこり
すいこむぞ〜
リビング

ほこりは、かみの毛《け》や小《ちい》さなごみがかたまったものです。そうじ機《き》やぬれたぞうきんを使《つか》って、まいあがらせないようにとりましょう。

キッチン
じゅうそう
ヨゴレーズ
②
こびりついた油

こびりついた油《あぶら》よごれを落《お》とすのはたいへんです。「じゅうそう」をふりかけて、ぞうきんや歯《は》ブラシでこすりましょう。

洗面所《せんめんじょ》
ヨゴレーズ③
水あか

かがみなどに水《みず》がつくと、白《しろ》いうろこのような「水《みず》あか」ができます。水《みず》あか用《よう》の洗剤《せんざい》をふきかけたら、上《うえ》からラップをし、数分《すうふん》待《ま》ってからふきとりましょう。

ふろば
ヨゴレーズ④
黒カビ

おふろなどで見《み》つかる黒《くろ》いよごれは黒《くろ》カビです。手《て》ぶくろやマスクをつけてから、カビとり用洗剤《ようせんざい》をつけて歯《は》ブラシなどでこすります。

くらしの
ふしぎ

なぜ人《ひと》はうわさ話《ばなし》をするの？

長《なが》い時間《じかん》をみんなですごしているとだんだんほかの人《ひと》を知《し》りたいと思《おも》うようになります。でも、ほかの人《ひと》の心《こころ》や考《かんが》えをそっくりそのまま知《し》ることはできません。だから、知《し》りたい気持《きも》ちをみたすために「きっとこうだと思《おも》う！」と勝《か》手《て》に考《かんが》えたことをほかの人《ひと》に伝《つた》えてしまうことがあります。これが、「うわさ話《ばなし》」の正体《しょうたい》です。

また、いろいろな人《ひと》となかよくなるために、うわさ話《ばなし》が使《つか》われることもあります。だから、話《はなし》をもりあげるために、たしかかどうかわから

ない情報《じょうほう》を本当《ほんとう》のことのように伝《つた》えたり、大《おお》げさな言葉《ことば》を使《つか》ったりすることがあるのです。

もし、そのうわさに悪意《あくい》がこもっていたら、人《ひと》の心《こころ》を深《ふか》くきずつけてしまいます。しかも、悪《わる》いうわさほど、あっという間《ま》に広《ひろ》まりやすく、やっかいなものに変《か》わりやすいのです。

いやなうわさを聞《き》いたときは、ちょっと立《た》ちどまって、考《かんが》えてみましょう。

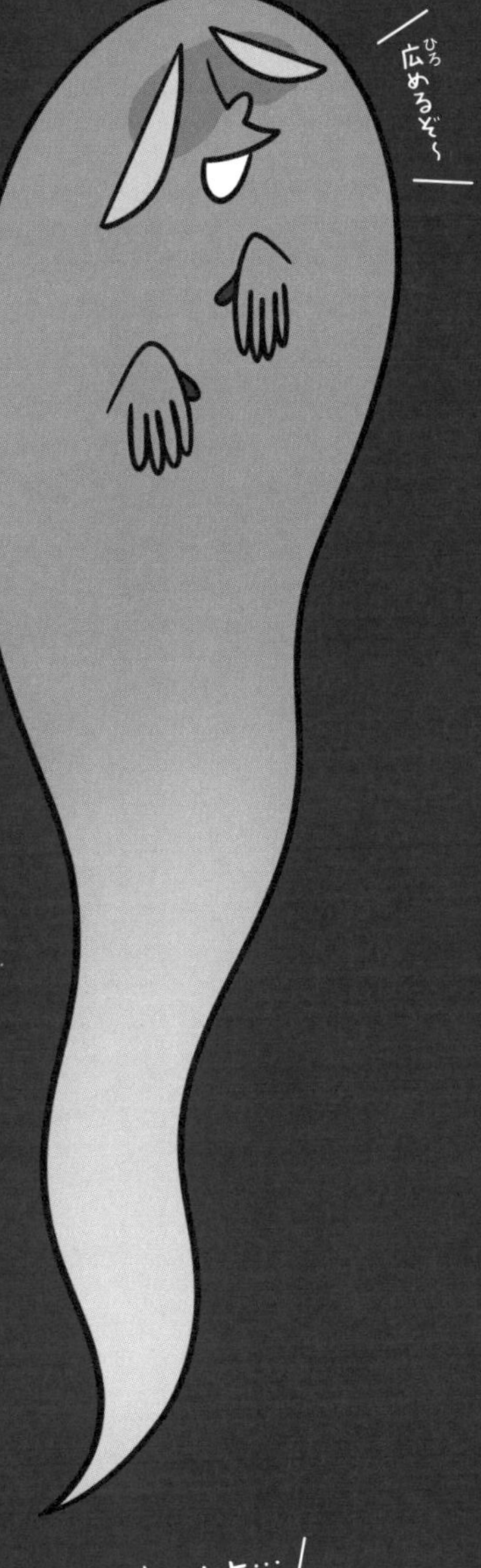

もし、いやなうわさを聞《き》いてしまったら…

ほうかごに校庭《こうてい》で、あなたはいやなうわさを聞《き》いてしまいました。
あなたならどうしますか？　さまざまな立場《たちば》で、どんなことを考《かんが》えたらいいか見《み》てみましょう。

広《ひろ》めちゃえ～！
さっちゃん
さっちゃんが、うわちゃんの悪口《わるぐち》を言《い》ってるらしいよ！

うわさをたおせ!①　相手《あいて》の気持《きも》ちを考《かんが》える

さっちゃんに何《なに》かしちゃったかな…
とまれ
いや～

もしあなたが、うわさで悪《わる》く言《い》われている本人《ほんにん》だった場《ば》合《あい》は、悪《わる》く言《い》っている相手《あいて》の気持《きも》ちを考《かんが》えてみましょう。何《なに》かいやなことをしてしまっていたら、あやまれば、なかなおりできるかもしれません。もし相手《あいて》がかんちがいしているのなら、手紙《てがみ》などで気持《きも》ちを伝《つた》えてみるのもおすすめです。

うわさをたおせ!② 本当《ほんとう》かわからないときは うわさを広《ひろ》めない

この話《はなし》、本当《ほんとう》なのかな……?
ぐぬぬ

うわさ話《ばなし》を聞《き》いてさんせいしたり、うわさを広《ひろ》めたりすると、あなたもいやなうわさを受《う》け入《い》れたことになってしまいます。聞《き》いたうわさが、本当《ほんとう》かわからないときはうわさ話《ばなし》にさんせいしたり、ほかの子《こ》に言《い》いふらしたりしないようにすることもうわさを広《ひろ》めないこつです。

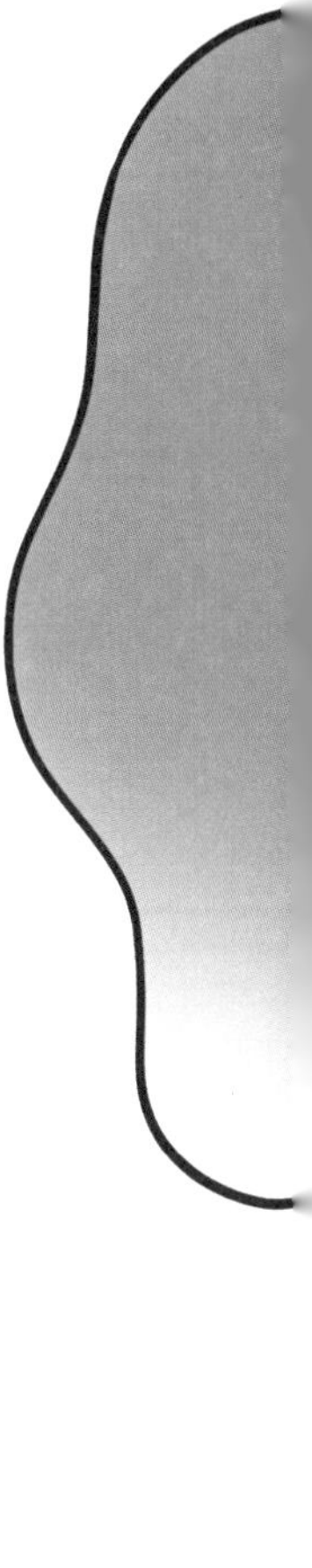

うわさをたおせ!③ 本当《ほんとう》のことを教《おし》えてあげる

もしあなたが、本当《ほんとう》のことを知《し》っていた場合《ばあい》、うわさにかかわる友《とも》だちにやさしく教《おし》えてあげましょう。うわさを流《なが》している友《とも》だちがうそをついていたり、うわさにかかわる友《とも》だちがおたがいにかんちがいしてしまっていたりするかもしれません。そっとなかなおりの手《て》だすけをしてあげましょう。

さっちゃんはうわちゃんのこときらいじゃないと思《おも》うよ。だって……
ヒエ〜

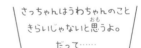

くらしのふしぎ

おとながニュースを見《み》るのはなぜ?

おとなが、朝《あさ》も夜《よる》もニュース番組《ばんぐみ》を見《み》るのは、ニュースの情報《じょうほう》が自分《じぶん》たちの生活《せいかつ》に役立《やくだ》つからです。ニュース番組《ばんぐみ》にはさまざまなみりょくがあります。

原油の価格アップ
生活への影響は!?
ニュースをまとめた見出し《みだし》
石けん
100円UP
グラフ
ていねいな解説《かいせつ》
文字《もじ》や音《おと》、映像《えいぞう》、専門家《せんもんか》のコメントでむずかしい内容《ないよう》をとことんわかりやすくしています。
原油《げんゆ》が高《たか》くなったのか!
物《もの》のねだんも上《あ》がりそうだな…

ニュースを見《み》ると、短時間《たんじかん》で世《よ》の中《なか》の新《あたら》しい情報《じょうほう》がわかります。いそがしいおとなはニュースを見《み》て、世《よ》の中《なか》の動《うご》きをすばやくつかんでくらしやしごとに役立《やくだ》てているのです。

新《あたら》しいことがわかる!
政治《せいじ》、経済《けいざい》、スポーツ、社会《しゃかい》など、はば広《ひろ》い分野《ぶんや》の最新情報《さいしんじょうほう》が手《て》に入《はい》ります。きょうみがあるところだけ注意《ちゅうい》して見《み》ることができます。
日用品も値段が急上昇
トイレットペーパー
100円UP
情報《じょうほう》をまとめたフリップや映像《えいぞう》
原油《げんゆ》が高《たか》くなったし、予算《よさん》を見直《みなお》そう!
しごとに使《つか》える!
ニュースで知《し》ったことからしごとの内容《ないよう》を変《か》えたり、会話《かいわ》のきっかけにしたりします。

ニュースはこうやってできている！

ところで、ニュース番組《ばんぐみ》はどうやってできているか知《し》っていますか？
さっきのニュース番組《ばんぐみ》ができる数時間前《すうじかんまえ》にさかのぼってみましょう。

ここはニュースセンター。世界中《せかいじゅう》からぼうだいな数《かず》の情報《じょうほう》が集《あつ》まる。経済《けいざい》ニュースを決《き》める担当《たんとう》はなやんでいた。
う～ん
なぜどうニュース
ほうどうするぞう　デスク

よーし、今日《きょう》の経済《けいざい》ニュースはこれ！さっそく取材《しゅざい》の手配《てはい》だ！
バ
原油高で日用品の値段が上昇
○×社の新作スマートフォン発売

ニュースが決《き》まり、番組《ばんぐみ》スタッフは取材《しゅざい》にかけまわる。

集《あつ》まった情報《じょうほう》から、今日《きょう》のニュースの内容《ないよう》が決定《けってい》する。
経済《けいざい》ニュースはこれで！
もうすぐ本番《ほんばん》をむかえる打《う》ち合《あ》わせのときだった。
TRRRRR
都内《とない》で事故《じこ》発生《はっせい》！
なんですって！
ここでディレクターにバトンタッチ！取材内容《しゅざいないよう》の編集《へんしゅう》がはじまる。
たのむ。
まかせて！
なぜどうニュース
つたえやすこ　ディレクター
大《だい》ニュースよ！すぐ伝《つた》えなきゃ！
映像《えいぞう》をさしかえて！
一本《いっぽん》ニュースをけずって！
編集《へんしゅう》スタッフはわかりやすい映像《えいぞう》を作《つく》る。
ピッ
ピッ
アナウンサー入《はい》りまーす
本番開始《ほんばんかいし》！　だが、いつほかの大《おお》きなニュースが飛《と》びこんでくるかはわからない。気《き》のぬけない放送《ほうそう》はつづくのだ…。
原油の価格アップ
生活への影響は!?

とくべつな日《ひ》におしゃれをするのはなぜ？

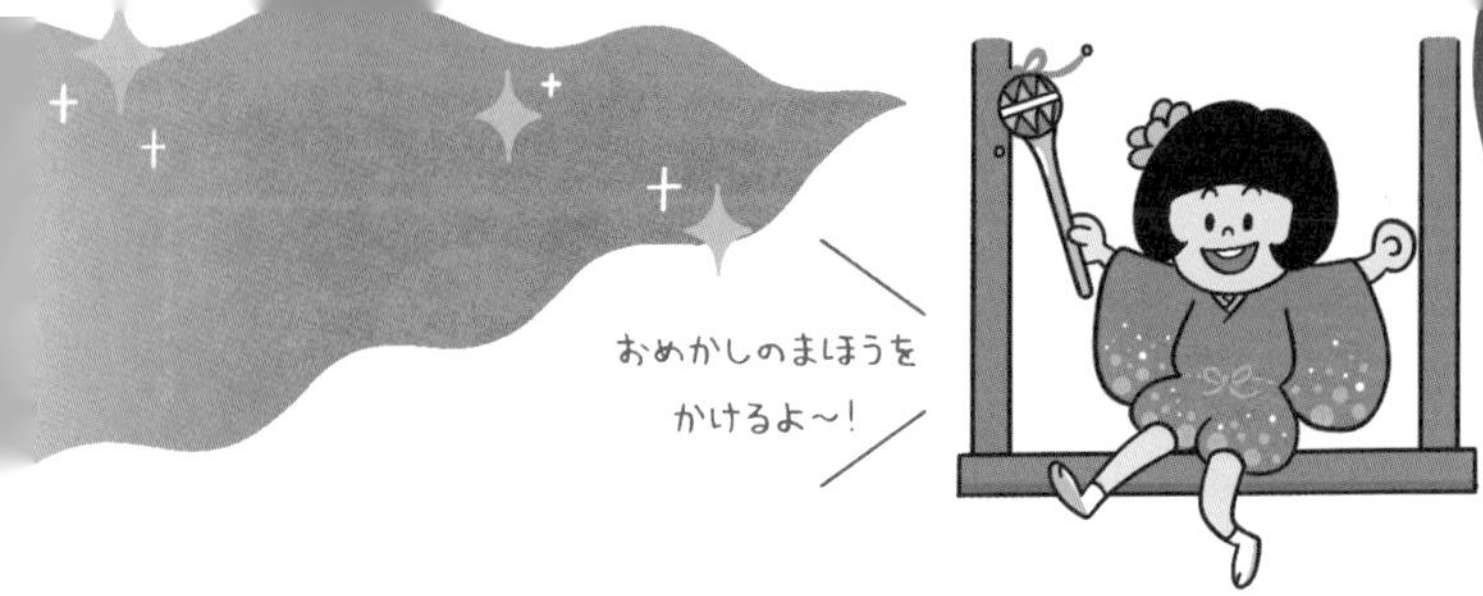
おめかしのまほうを
かけるよ～！

じつはおしゃれにはルールがあります。それは「時間《じかん》、場所《ばしょ》、場合《ばあい》」を考《かんが》えて服《ふく》をえらぶというルールです。だから、とくべつな日《ひ》には、そのとくべつな時間《じかん》、とくべつな場所《ばしょ》、とくべつな場合《ばあい》に合《あ》わせた服《ふく》を着《き》るのです。

たとえば運動《うんどう》をするときは動《うご》きやすいジャージを着《き》ますが、高級《こうきゅう》なレストランではきれいなスカートやズボンでおめかしします。また、とくべつな服《ふく》を着《き》ると、それに合《あ》わせた気持《きも》ちになり、ふるまいが変《か》わる効果《こうか》もあります。

ルールに合《あ》わせた
おしゃれを
しましょ！

おしゃれの効果《こうか》

おしゃれは気持《きも》ちにさまざまなえいきょうをあたえます。

自信《じしん》がみなぎる!

ピアノの発表会《はっぴょうかい》など人前《ひとまえ》に出《で》て何《なに》かをするときは、ドキドキするものです。でもすてきなワンピースでばっちり決《き》めれば、自信《じしん》をもてるかもしれません。

上品《じょうひん》にふるまえる!

けっこん式《しき》では、お祝《いわ》いの気持《きも》ちを表《あらわ》すためにおめかしをします。おとなっぽいドレスやジャケットを着《き》ると、いつもより上品《じょうひん》にふるまえます。

気持《きも》ちが引《ひ》きしまる!

20歳《さい》になったことをお祝《いわ》いする成人《せいじん》式《しき》では和服《わふく》やスーツを着《き》ます。おとなの服《ふく》をびしっと着《き》こなすと、気持《きも》ちも引《ひ》きしまり、おとなになったことをより実感《じっかん》できます。

おしゃれにチャレンジしよう！

学校《がっこう》のある日《ひ》と、休《やす》みの日《ひ》の
おめかしにちょうせんしてみましょう。

ON
ヘアアクセでイメチェンしよう♥
カンタンアレンジでおしゃれになろう♪
学校《がっこう》のある日《ひ》はさっとできるヘアアレンジがおすすめ。ロングヘアなら、前《まえ》がみを真《ま》ん中《なか》で分《わ》けてねじって、ヘアアクセでとめてみて。ショートヘアは、カチューシャをするだけでグッとすてきに。
へんしゅうちょうアドバイス
ヘアアクセをかえて楽《たの》しんでね！
OFF
休日コーデのてっぱん！
ネックレス
休日《きゅうじつ》は、いつもはできないおめかしを楽《たの》しんじゃおう★　シンプルなカットソーやT《ティー》シャツでもネックレスをつければ、はなやかになるよ♪

ON

クールにかっこよくキメ★

学校《がっこう》でいつもはいているズボンにあきてしまっても、カラーソックスをはけばいろんなコーディネートができるよ。自分《じぶん》のテーマカラーを決《き》めて、ここぞというときにその色《いろ》を身《み》につけて!

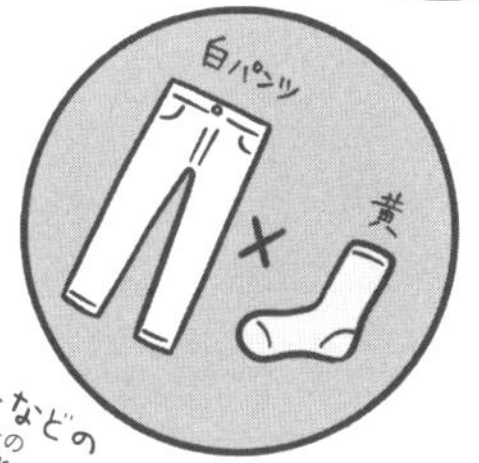

へんしゅうちょう
アドバイス

ボーダーやドットなどのがらを取《と》り入《い》れても楽《たの》しいね!

OFF

上級者テクでこなれ度アップ↑↑

きみはどんなのをえらぶ?

ぼうし

お休《やす》みの日《ひ》には、いつものコーデにぼうしをくわえてみよう! ぼうしのしゅるいで、いんしょうがグッとかわるよ。

マナーは何《なん》のためにあるの？

マナーとは、みんなが気《き》持《も》ちよくすごせるようにおたがいが気《き》をつけておきたいふるまいのことです。

たとえば、道《みち》で友《とも》だちと話《はな》しながら広《ひろ》がって歩《ある》く。すると、後《うし》ろを歩《ある》いている人《ひと》が追《お》いぬけません。これはマナーいはんです。つまり、マナーはほかの人《ひと》にいやな思《おも》いをさせないためにあるのです。

マナーは、ルールのようにぜったいに守《まも》らなくてはいけないものではありません。でも守《まも》るとみんなが気《き》持《も》ちいいだけでなく、「この人《ひと》、なんだかすてきだな」と思《おも》ってもらえるものです。

次《つぎ》の場面《ばめん》ではマナーを守《まも》れず、ほかの人《ひと》にいやな思《おも》いをさせている人《ひと》がいます。さがしてみましょう。

こたえ：②と⑥は正しいマナー。ほかはマナーいはん。

電車《でんしゃ》のマナーいはんをさがせ!

こたえは右《みぎ》ページの下《した》にあるよ

これ見《み》てよ!

① 大《おお》きな声《こえ》でおしゃべりをする。

② みんながすわれるよう、つめてすわる。

③ 音楽《おんがく》がもれている。

④ 足《あし》を開《ひら》いてすわり、荷物《にもつ》をざせきにおく。

⑤ リュックをせおったまま。

レストランのマナーいはんをさがせ!

まって〜

⑥ 食《た》べおわるまできちんとせきにすわって食事《しょくじ》をする。

⑦ 走《はし》りまわってほこりをたてる。

SNSやインターネットでのマナーいはんをさがせ!

むかつく!

写真《しゃしん》がほしいって
おねがいされたの!

⑧ 人《ひと》の悪口《わるぐち》やうその情報《じょうほう》を書《か》きこむ。

⑨ 知《し》らない人《ひと》に個人情報《こじんじょうほう》を教《おし》えたり、自分《じぶん》の写真《しゃしん》をのせたりする。

友《とも》だちの家《いえ》におじゃまするときのマナー

みぢかな場所《ばしょ》にもマナーはたくさんかくれています。友《とも》だちの家《いえ》に遊《あそ》びに行《い》くときのマナーを、見《み》てみましょう。

いってらっしゃい
やっほー
こんにちは！
ドカッ
ドカッ
ポイッ
ちゃんとそろえるのじゃー！
くつ下《した》やカバンがよごれていないかかくにんしましょう！

ジュース取《と》って来《く》るね。
ありがとう！
わー！　新《あたら》しいゲームだ！
やりたいなあ…。
かってにさわらないのよ〜！
わっ！
家《いえ》の物《もの》にさわったり開《あ》けたり、ほかの部屋《へや》を見《み》たりしてはいけません。
もう夕方《ゆうがた》だけど、おうちの人《ひと》は心配《しんぱい》していない？
だいじょうぶです！
夕方《ゆうがた》おそくなる前《まえ》に帰《かえ》ります。
ながいしないんだぞ！
そうか…！
こんどはマナーを守《まも》るね！

祝日《しゅくじつ》ってなに？

祝日《しゅくじつ》とは、国《くに》が定《さだ》めたとくべつな休《やす》みのことです。世界中《せかいじゅう》の国《くに》にはその国《くに》の歴史《れきし》や文化《ぶんか》、習慣《しゅうかん》によって、それぞれ休《やす》みの日《ひ》があります。日本《にほん》の場合《ばあい》は、一年《いちねん》のうち祝日《しゅくじつ》が一六日間《じゅうろくにちかん》あります。日本《にほん》の祝日《しゅくじつ》は、宗教的《しゅうきょうてき》な儀式《ぎしき》をする「祝祭日《しゅくさいじつ》」という日《ひ》がもとになっていました。

しかし、外国《がいこく》とのかかわりが増《ふ》えるにつれて、「外国《がいこく》のように、日《に》本《ほん》にすむ人《ひと》がよりのびのびすごせるように」という思《おも》いから、「国民《こくみん》の祝日《しゅくじつ》」という日《ひ》がもうけられるようになったのです。さらに、ふりかえ休日《きゅうじつ》や国民《こくみん》の休日《きゅうじつ》というしくみができると、ゴールデンウィークなどの長《なが》いお休《やす》みがとれるようになったのです。

今《いま》ではこんな祝日《しゅくじつ》があるよ

今《いま》の祝日《しゅくじつ》はむかしながらのしきたりを守《まも》りながら、さまざまなものに感謝《かんしゃ》をする日《ひ》になっています。

こどもの日《ひ》

こどもたちの成長《せいちょう》や幸《しあわ》せをねがう日《ひ》。かぶとのかざりやこいのぼりをかざったりして、こどものかつやくを願《ねが》います。また、法律《ほうりつ》では、「お母《かあ》さんに感謝《かんしゃ》する日《ひ》」ともされています。

海《うみ》の日《ひ》

海《うみ》のめぐみに感謝《かんしゃ》する日《ひ》。日本《にほん》は海《うみ》にかこまれた島国《しまぐに》なので、むかしから漁業《ぎょぎょう》などがさかんでした。海《うみ》に出《で》かけて、海《うみ》の生《い》き物《もの》などをかんさつしてみてもいいかもしれません。

山《やま》の日《ひ》

山《やま》に親《した》しんで感謝《かんしゃ》する日《ひ》。日本《にほん》の土地《とち》はなんと半分以上《はんぶんいじょう》が山《やま》でできています。夏《なつ》のおぼん休《やす》みと合《あ》わせて休《やす》みやすいシーズンなので、みんなで山登《やまのぼ》りをするのもおすすめです。

文化《ぶんか》の日《ひ》

平和《へいわ》と文化《ぶんか》をたたえる日《ひ》。文化《ぶんか》にまつわる表彰式《ひょうしょうしき》が開催《かいさい》されたり、博物館《はくぶつかん》などのチケットが割引《わりびき》になったりすることも多《おお》く、文化《ぶんか》にふれるのにうってつけです。

世界《せかい》の祝日《しゅくじつ》をのぞいてみよう！

祝日《しゅくじつ》は、その国《くに》の歴史《れきし》や文化《ぶんか》がつまった日《ひ》でもあります。外国《がいこく》にはどんな祝日《しゅくじつ》があるのか、そのくらしぶりをのぞいてみましょう。

アイルランドのセント・パトリックス・デー

この日《ひ》はセント・パトリックというキリスト教《きょう》の司教《しきょう》さまがなくなった日《ひ》です。この人《ひと》は三《み》つ葉《ば》をモチーフに使《つか》って、キリスト教《きょう》をアイルランドに広《ひろ》めました。これをたたえて、緑色《みどりいろ》の服《ふく》を着《き》たり、緑色《みどりいろ》のものを食《た》べたりして、その功績《こうせき》をお祝《いわ》いします。

オーストラリアのメルボルンカップ・デー

オーストラリアのメルボルンでは、「メルボルンカップ」という競馬《けいば》の開催日《かいさいび》が祝日《しゅくじつ》になります。賞金額《しょうきんがく》は世界《せかい》最高額《さいこうがく》ともいわれるとくべつなレースです。観客《かんきゃく》はスーツやドレスなど、おめかしをして会場《かいじょう》にやってきます。

アメリカのサンクス・ギビング（感謝祭《かんしゃさい》）

「ロースト・ターキー」とよばれる七面鳥《しちめんちょう》の丸《まる》焼《や》きやかぼちゃの料理《りょうり》などを食《た》べます。先住民族《せんじゅうみんぞく》のネイティブ・アメリカンに救《すく》われたイギリス人《じん》がかれらや食《た》べ物《もの》に感謝《かんしゃ》をささげたことが由来《ゆらい》です。今《いま》でも家族《かぞく》でごちそうを楽《たの》しみ、家《いえ》でゆっくりすごす人《ひと》が多《おお》いようです。

ブラジルのカーニバル

毎年《まいとし》2～3月《がつ》に4日間《かかん》のパレードが開《ひら》かれ、はでな衣《い》しょうでサンバをおどります。一説《いっせつ》には、ポルトガル人《じん》がどれいの人《ひと》びとに広《ひろ》めたおまつりがもとになったといわれています。ふだんはがまんを強《し》いられている人《ひと》びとが、身分《みぶん》を問《と》わずおどったり、歌《うた》ったりして、楽《たの》しんでいたのです。

楽《たの》しい時間《じかん》はなんで あっという間《ま》にすぎるの？

それは、時間《じかん》を気《き》にするひまもないほど、楽《たの》しいと思《おも》っているからです。

待《ま》てー!
なかまがいて楽《たの》しい!
全力《ぜんりょく》で何《なに》かをして
楽《たの》しい!
むずかしいことにちょう
せんして楽《たの》しい!

じゃあ、楽《たの》しくないときはどうしたらいいの？

たいくつだ。つまらない。楽《たの》しいことが見《み》つからない。毎日《まいにち》すごしているとそんな日《ひ》もあります。そんなときは楽《たの》しむ方法《ほうほう》を友《とも》だちに聞《き》いたり、自分《じぶん》でさがしたりしてみましょう。

たとえば、こんな方法《ほうほう》があります。

楽《たの》しんでいる人《ひと》におすすめを聞《き》いてみる

何《なに》かを全力《ぜんりょく》で楽《たの》しんでいる人《ひと》は楽《たの》しいものの選《えら》び方《かた》をよく知《し》っています。まずは聞《き》いてみましょう。

どの本《ほん》が
一番《いちばん》すき？
この本《ほん》が、
おすすめだよ！
なぜかって
言《い》うとね……
エリーのぼうけん

なかまに入《い》れてもらう

はじめは楽《たの》しく思《おも》えなかったものでも友《とも》だちといっしょに遊《あそ》べば、もっと楽《たの》しくなるかもしれません。

いいよ!
なかまに入《い》れて!

全力《ぜんりょく》でやってみる

全力《ぜんりょく》でやって気《き》づく楽《たの》しさもあります。

やり方《かた》を聞《き》いてみる

むずかしいことや新《あたら》しいことにちょうせんするときは、まず自分《じぶん》ができそうなことからはじめてみましょう。自分《じぶん》の力《ちから》だけでは無理《むり》そうなときは、得《とく》意《い》な友《とも》だちに聞《き》いてみましょう。

じつは、そこにひみつのかくしとびらが……
どうやって、クリアするの?

これでバッチリ!

自由《じゆう》研究《けんきゅう》のススメ②

外国《がいこく》のくらしを体験《たいけん》してみよう!

外国《がいこく》には、日本《にほん》とはちがう文化《ぶんか》やくらしがあります。外国《がいこく》の人《ひと》になったつもりで、その国《くに》の生活《せいかつ》をまねしてみましょう。外国《がいこく》と日本《にほん》のちがいが見《み》えてくるかもしれませんよ。

ようい するもの

・インターネット
・テレビ ・本《ほん》 ・紙《かみ》(ノート)
・なりきるために必要《ひつよう》だと思《おも》う物《もの》
・カメラ ・アルバム

---

1 外国《がいこく》の生活《せいかつ》を調《しら》べてみよう

テレビの旅行番組《りょこうばんぐみ》や外国《がいこく》の特集《とくしゅう》を見《み》たり、本《ほん》やインターネットを使《つか》ったりして、外国《がいこく》の生活《せいかつ》や文化《ぶんか》を調《しら》べましょう。

本《ほん》や百科事典《ひゃっかじてん》

インターネット

YATTAA!

テレビ

ブラジルの
カーニバルって
おもしろそう!

2 まねをする国《くに》を決《き》めよう

調《しら》べた国《くに》の中《なか》から、とくに自分《じぶん》がまねしてみたい外国《がいこく》を決《き》めます。まねする国《くに》を決《き》めたら、さらにその国《くに》の生《せい》活《かつ》や文化《ぶんか》を調《しら》べて、まねできそうなことを紙《かみ》にまとめましょう。

ブラジルの料理《りょうり》

シュラスコ

牛《うし》や羊《ひつじ》の肉《にく》のかたまりをくしにさして、炭火《すみび》で焼《や》く料理《りょうり》。

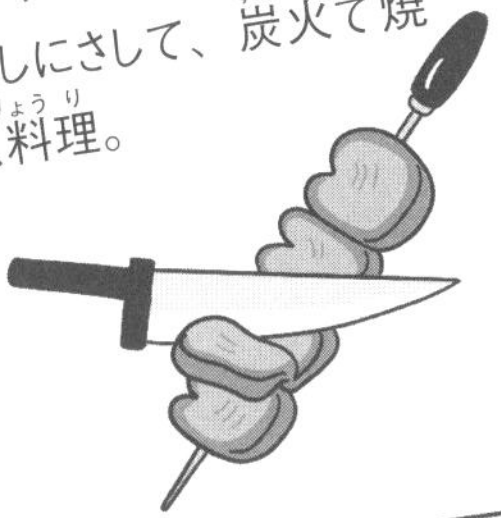

ブラジルのスポーツ

サッカー

ブラジルで人気《にんき》があるスポーツ。ワールドカップで5回《かい》も優勝《ゆうしょう》したことがある。

ブラジルの飲《の》みもの

アサイードリンク

ブラジルに広《ひろ》がるアマゾンの熱帯雨林《ねったいうりん》でとれるくだもの。栄養《えいよう》がたくさんつまっている。

ブラジルの音楽《おんがく》

サンバ

毎年《まいとし》2〜3月《がつ》に行《おこな》われるカーニバルという祭《まつ》りで使《つか》われるダンス音楽《おんがく》。

3 外国人《がいこくじん》になりきって生活《せいかつ》してみよう

その国《くに》の生活《せいかつ》や文化《ぶん》をまねながら一日《いちにち》をすごします。なりきっているようすを写真《しゃしん》や絵《え》に記録《きろく》しておきましょう。

サンバをおどってみよう！
よし！コスチュームが完成《かんせい》！

4 なりきり外国人《がいこくじん》生活《せいかつ》アルバムをつくろう

外国人《がいこくじん》になりきったときの感想《かんそう》や写真《しゃしん》、その外国《がいこく》の文化《ぶんか》をまとめて、自分《じぶん》だけのアルバムをつくりましょう。

サンバのリズムに合《あ》わせておどってみた。ウキウキして、いつまでもおどりたくなった。みんなで楽《たの》しめるところは日本《にほん》のぼんおどりとにてるかも。

日本《にほん》の文化《ぶんか》や生活《せいかつ》とくらべるのも楽《たの》しいよ！

もののふしぎ

のりで物《もの》がくっつくのはなぜ？

工作《こうさく》でよく使《つか》うのり。なぜのりで物《もの》をくっつけられるのかというと、物《もの》の表面《ひょうめん》にひみつがあるからなのです。

人間《にんげん》の目《め》にはなかなか見《み》えませんが、じつは、物《もの》の表面《ひょうめん》はでこぼことしています。のりは、このでこぼこに入《はい》りこむことで、物《もの》と物《もの》をくっつけています。

くっつける道具《どうぐ》には種類《しゅるい》によって、くっつきやすい物《もの》がことなります。

プラスチックとの相性《あいしょう》バッチリ！

せっちゃくざい

せっちゃくざいの成分《せいぶん》が物《もの》をとかしたり、蒸発《じょうはつ》したりすることで、物同士《ものどうし》をくっつけます。

のり

えき体《たい》のりやスティックのりは、石《せき》油《ゆ》からできた樹脂《じゅし》からつくられています。紙《かみ》の表面《ひょうめん》のでこぼこに入《はい》りこんで、くっつきます。

紙《かみ》との相性《あいしょう》バッチリ!

木工用《もっこうよう》せっちゃくざい

石油《せきゆ》からできる樹脂《じゅし》でできています。木目《もくめ》のおくまでしみこんでかたまり、木《き》と木《き》をつなぎます。

木《き》との相性《あいしょう》バッチリ!

瞬間《しゅんかん》せっちゃくざいは、「ぬれている物《もの》はくっつきやすい」というしくみをいかして、ぬらした後《あと》すぐにかわくことで物《もの》を強力《きょうりょく》にくっつけます。

生《い》き物《もの》がヒントになった道具《どうぐ》たち

わたしたちの身《み》のまわりにある道具《どうぐ》のなかには、生《い》き物《もの》のとくちょうをヒントにしたものがたくさんあります。

水着
ヨーグルトのふた
もう、くっつかない…。
サメのはだ
よくはじくで賞
スムーズで賞
ハスの葉《は》
オレのはだには溝《みぞ》があって、水《みず》の流《なが》れを整《ととの》えて、早《はや》くするしくみがあるんだ。これを水着《みずぎ》の表面《ひょうめん》の加《か》工《こう》にしたら、人間《にんげん》も速《はや》く泳《およ》げるようになったっていうわけ。水泳選《すいえいせん》手《しゅ》には感謝《かんしゃ》してほしいぜ。
ぼくは葉《は》の小《ちい》さなでこぼこで水《みず》をはじいているんだ。それをまねしてヨーグルトがくっつかないふたができるなんてびっくりだよ。

自然界《しぜんかい》を生《い》きる
ものたちから学《まな》ぶことは、
まだまだありそうじゃ。
すわれたら
まとまるしかない！！
サイクロン式
そうじき
ちゅうしゃのはり
――もう、いたくない！
ネコのべろ
カの口《くち》
いたくないで賞
よくまとまるで賞
わたしのべろにはのどに向《む》かって、ざらざらしたとげみたいなものがあるの。これのおかげできれいに毛《け》づくろいできるのよ。人間《にんげん》の使《つか》う「サイクロン式《しき》そうじき」はこのべろににせた部品《ぶひん》でゴミをまとめて、たくさんゴミをすうのよ。
この口《くち》のギザギザのおかげでささる部分《ぶぶん》は少《すこ》しですむから、カにさされてもいたくないのよ。この口《くち》をモデルにしたら、いたくない注射針《ちゅうしゃばり》ができるかもね。

コンセントのあなはどうして二《ふた》つあるの？

コンセントの二《ふた》つのあなをよく見《み》ると、大《おお》きさが少《すこ》しちがっています。小《ちい》さい右《みぎ》のあなにつながる電線《でんせん》には、電気《でんき》を流《なが》そうとする力《ちから》がかかっています。そして、大《おお》きい左《ひだり》のあなにつながる電線《でんせん》は、地面《じめん》につながっています。こちらには、電気《でんき》を流《なが》そうとする力《ちから》はなく、別《べつ》の役割《やくわり》があります。

ふつう、電化製品《でんかせいひん》のプラグをさし

電気《でんき》はこうして使《つか》われている！
ブレーカー
外《そと》にある変圧器《へんあつき》から電気《でんき》が流《なが》れてくる部分《ぶぶん》。家中《いえじゅう》のコンセントとつながっています。
中《なか》をのぞくと
右《みぎ》のあなから流《なが》れるよ～
電線《でんせん》
あまった電気《でんき》は左《ひだり》のあなに行《い》くよ

こむと、小《ちい》さいあなから電気《でんき》が流《なが》されて、コードの中《なか》の電線《でんせん》を通《とお》って電化《でんか》製品《せいひん》が動《うご》きます。

でも、電線《でんせん》がきずついていると、電気《でんき》がもれてしまうことがあります。もれた電気《でんき》が体《からだ》を流《なが》れれば、いのちをおとすきけんがあります。

そこで、大《おお》きいあなには地面《じめん》へと電気《でんき》をにがすはたらきがあるのです。

安全《あんぜん》に電化製品《でんかせいひん》を使《つか》うために、コンセントにはあなが二《ふた》つあるのです。

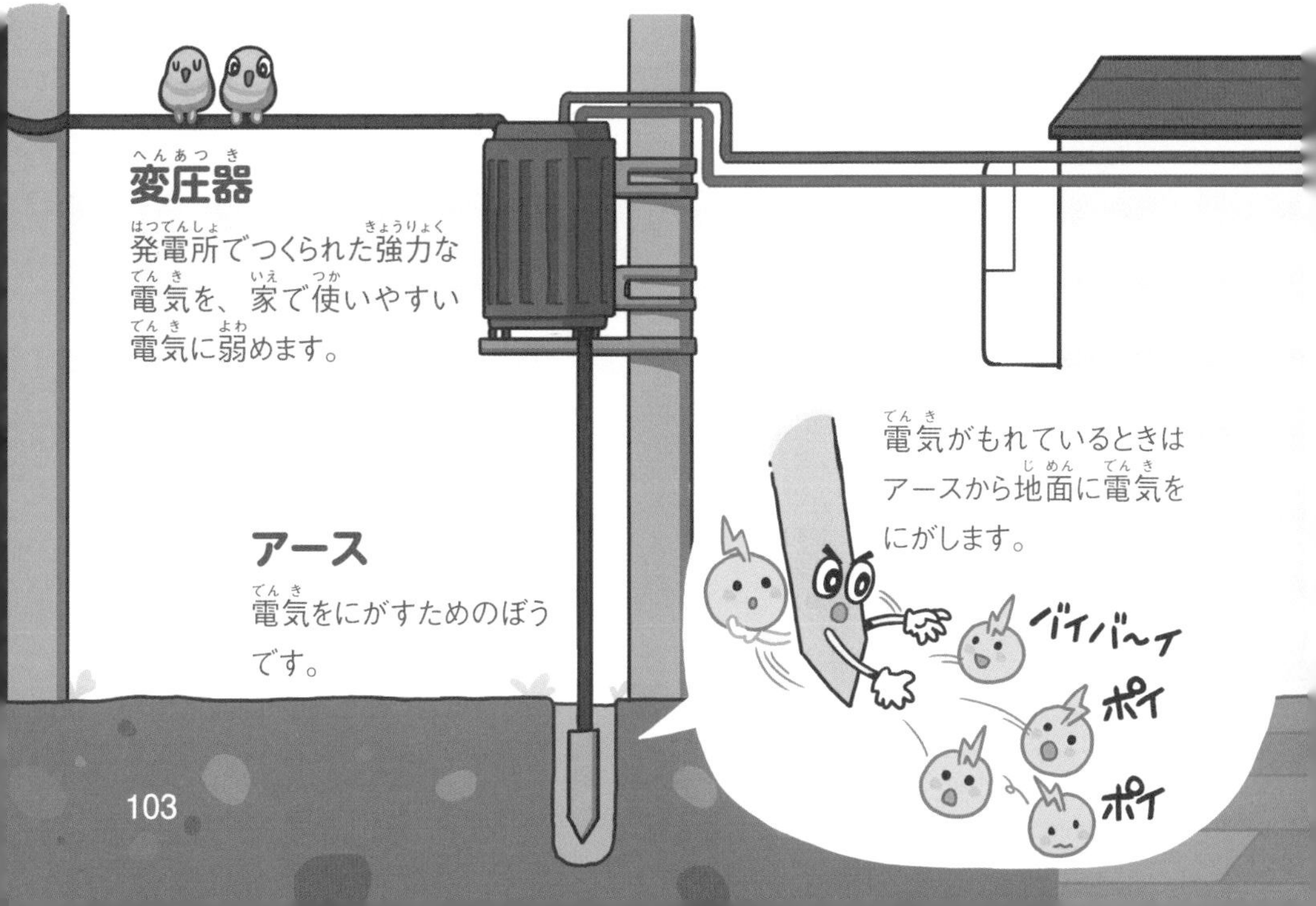

変圧器《へんあつき》
発電所《はつでんしょ》でつくられた強力《きょうりょく》な電気《でんき》を、家《いえ》で使《つか》いやすい電気《でんき》に弱《よわ》めます。
アース
電気《でんき》をにがすためのぼうです。
電気《でんき》がもれているときはアースから地面《じめん》に電気《でんき》をにがします。
バイバ～イ
ポイ
ポイ

気《き》になる「アレ」のなかみを大公開《だいこうかい》！

コンセントのあなのほかに、みんながふだんよく使《つか》っている物《もの》の中《なか》はどうなっているのか、気《き》になりませんか？この分野《ぶんや》にくわしいバラバーラはかせに聞《き》いてみましょう。

リモコン
ボタンに合《あ》わせて
基盤《きばん》がついている！
基盤《きばん》
IC《アイシー》チップ
リモコン

リモコンとスマートフォン

リモコンやスマートフォンの中《なか》には、IC《アイシー》チップと基盤《きばん》がある。IC《アイシー》チップはスイッチの役割《やくわり》を持《も》つ小《ちい》さな部品《ぶひん》が集《あつ》まったもの。基盤《きばん》は電気《でんき》の通《とお》り道《みち》になっている。リモコンの場合《ばあい》、ボタンを押《お》すと、基盤《きばん》のあいだに電気《でんき》が流《なが》れて、IC《アイシー》チップが信号《しんごう》を送《おく》ってテレビを操作《そうさ》できるのだ。

スマートフォン
センサーつきのシート
IC《アイシー》チップ
うすい板《いた》がいっぱい！

スマートフォンにタッチすると…

スマートフォンの画面《がめん》をタッチすると弱《よわ》い電気《でんき》がセンサー付《つ》きのシートに流《なが》れる。センサーが電気《でんき》に反応《はんのう》すると、IC《アイシー》チップに信号《しんごう》が行《い》き、操作《そうさ》ができるようだ…。

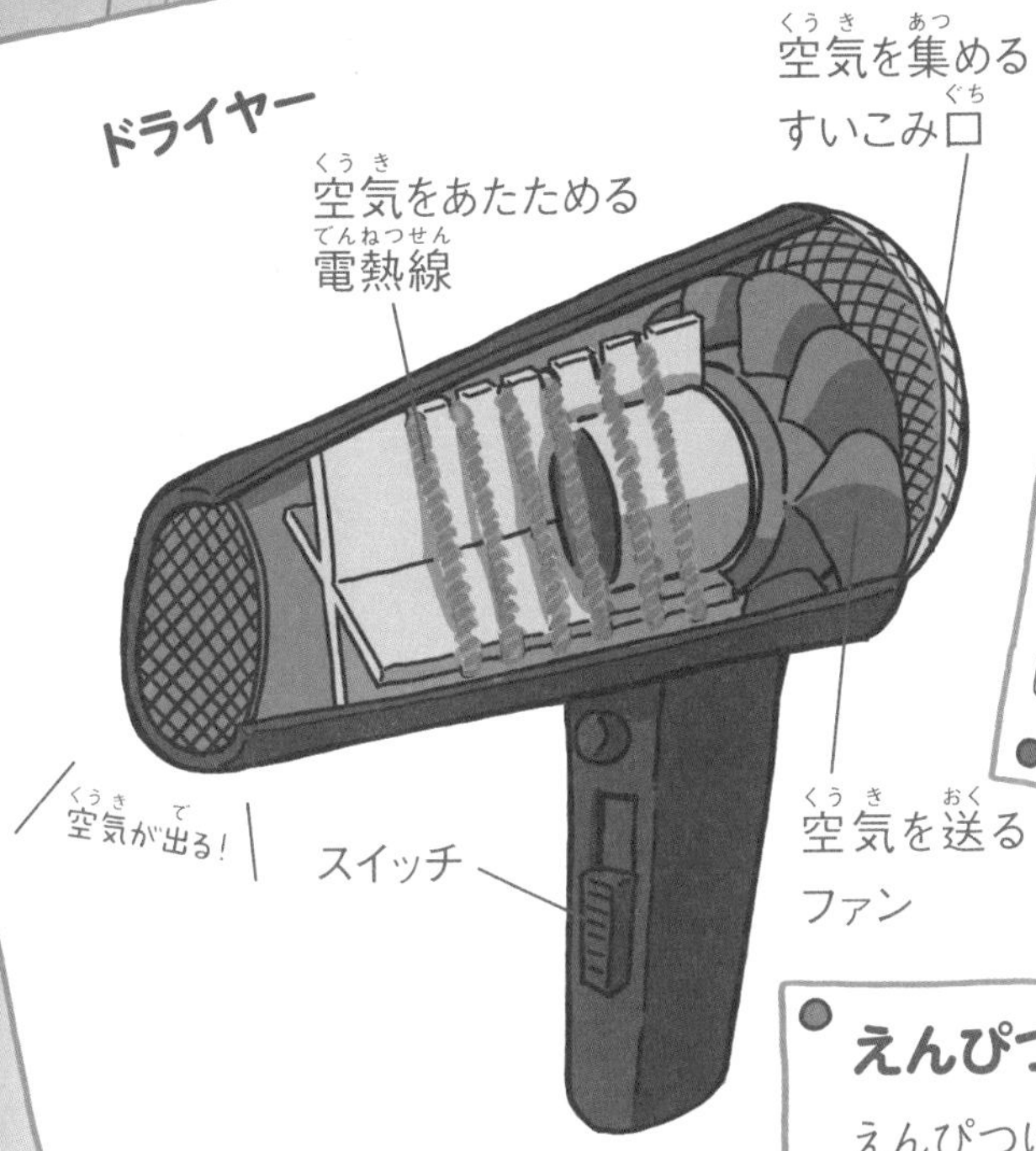
ドライヤー
空気《くうき》を集《あつ》める
すいこみ口《ぐち》
空気《くうき》をあたためる
電熱線《でんねつせん》
空気《くうき》が出《で》る！
スイッチ
空気《くうき》を送《おく》る
ファン

ドライヤー

ドライヤーの電熱線《でんねつせん》は電気《でんき》を通《とお》しづらい素材《そざい》でできている。ここにむりに電気《でんき》を通《とお》すと、熱《ねつ》がうまれ、空気《くうき》をあたためることができるのだ。あたためられた空気《くうき》は、ファンの動《うご》きで外《そと》に押《お》し出《だ》されていく。

えんぴつけずり

えんぴつけずりの中《なか》には大小《だいしょう》2つの歯《は》車《ぐるま》がある。ハンドルを回《まわ》すと、大《おお》きな歯車《はぐるま》が回《まわ》り、かみあっている小《ちい》さな歯《は》車《ぐるま》を回転《かいてん》させる。すると小《ちい》さな歯車《はぐるま》も刃《は》を動《うご》かし、えんぴつをけずるのだ。

なおせざるもの
分解するべからず！
バラバーラ

えんぴつけずり
大《おお》きい歯車《はぐるま》
小《ちい》さい
歯車《はぐるま》
ハンドル
えんぴつを
けずる刃《は》

なぜクーラーをつけるとすずしくなるの？

エアコンは、部屋《へや》の中《なか》にある室内《しつない》機《き》と家《いえ》の外《そと》にある室外機《しつがいき》を使《つか》って、部屋《へや》の温度《おんど》を調整《ちょうせい》しています。

すずしくなるひみつをにぎるのが「冷《れい》ばい」です。冷《れい》ばいはこのエアコンの中《なか》をめぐっている物質《ぶっしつ》で、すがたをかえながら空気《くうき》の熱《ねつ》を運《はこ》び出《だ》して部屋《へや》につめたい空気《くうき》をとどけてくれます。

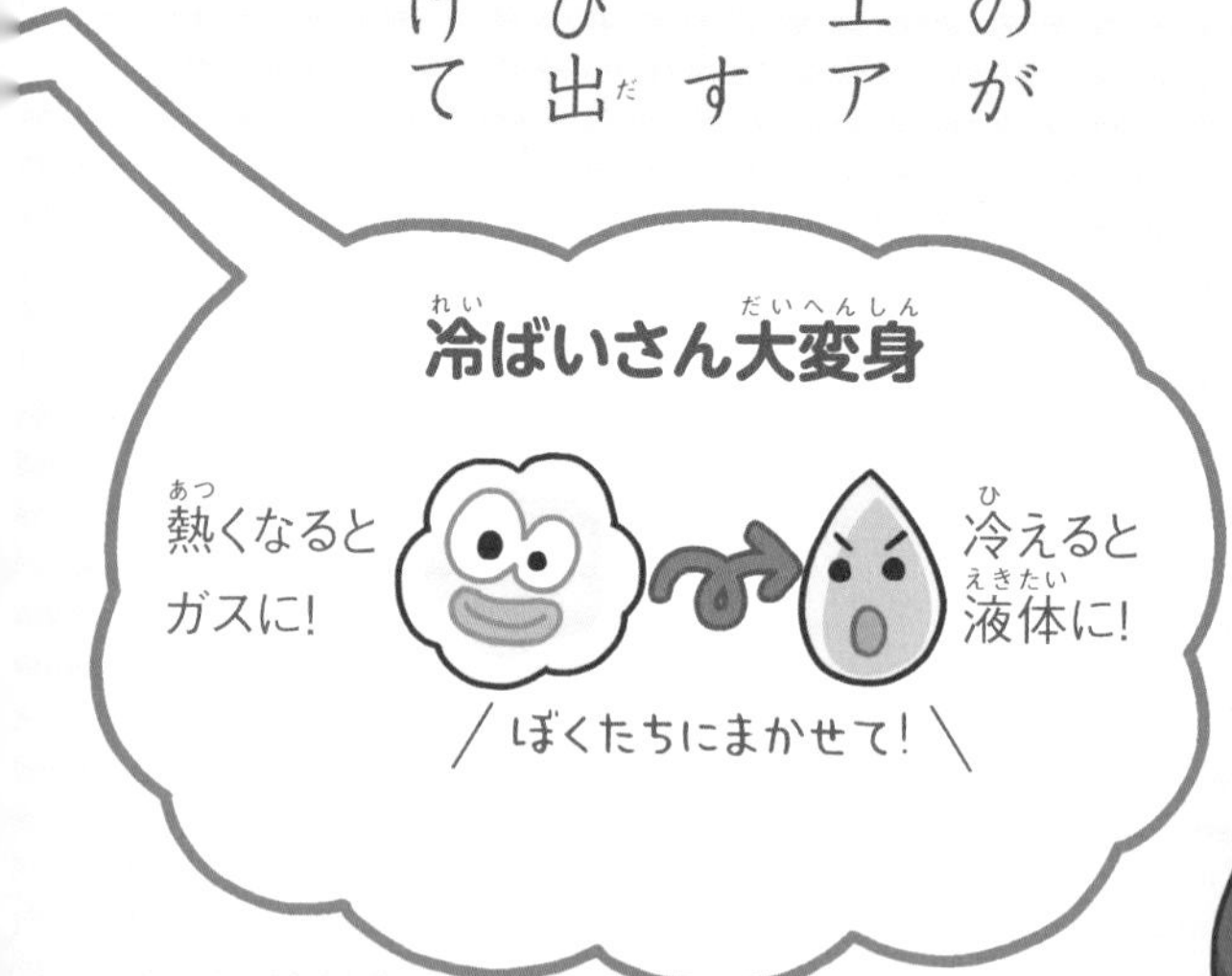
冷《れい》ばいさん大変身《だいへんしん》
熱《あつ》くなるとガスに!
冷《ひ》えると液体《えきたい》に!
ぼくたちにまかせて!

① 室内機《しつないき》があたたまった空気《くうき》を集《あつ》める

冷《ひ》えた冷《れい》ばいには、熱《ねつ》をうばうはたらきがあります。そのため、室内機《しつないき》は部屋《へや》の空気《くうき》を集《あつ》めて、内部《ないぶ》の冷《れい》ばいに空気《くうき》を送《おく》ります。

体《からだ》をすずしくする食《た》べ物《もの》

クーラーばかり使《つか》っていると、体《からだ》がだるくなります。夏野菜《なつやさい》は体《からだ》を冷《ひ》やすはたらきがあるので、クーラーを使《つか》うだけでなく、夏野菜《なつやさい》もとりましょう!

熱
熱
熱
熱《ねつ》をもらうよ!
つめたくなった
空気《くうき》をとどけるよ!
空気《くうき》の熱《ねつ》を
うばっちゃえ!
ムギュ
熱
熱
熱

④ 冷《ひ》えた冷《れい》ばいが室内機《しつないき》にもどる

熱《ねつ》を失《うしな》った冷《れい》ばいは、液体《えきたい》になって室内機《しつないき》にもどります。これをくり返《かえ》すうちに、部屋《へや》がすずしくなります。

② パイプを通《とお》って室外機《しつがいき》へ

熱《あつ》くなった冷《れい》ばいは、室外機《しつがいき》の中《なか》の機械《きかい》でおしちぢめられて、さらに熱《あつ》くなります。

③ 室外機《しつがいき》から熱《ねつ》が外《そと》に出《で》る

熱《あつ》すぎる熱《ねつ》はここで外《そと》におい出《だ》します。

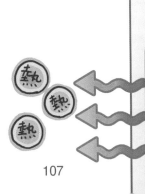

もののふしぎ

セーターがあったかいのはどうして？

人間《にんげん》の体《からだ》からは、目《め》に見《み》えないあせがでています。

このあせがセーターの毛糸《けいと》にふれると、熱《ねつ》がうまれます。

さらに、セーターの編《あ》み目《め》には空気《くうき》のかべがあり、熱《ねつ》が外《そと》ににげづらくなっています。

セーターはしぜんにうまれる熱《ねつ》をうまくとじこめて、あたたかさをたもつのです。

とじこめる！
熱
熱
熱
熱をとりこむ！
じょうはつする！
熱
熱
熱

セーターはそざいでこんなにちがう!

セーターにはいろいろなそざいがあり、そざいによって着心地《きごこち》がちがいます。どんなちがいがあるのか、見《み》てみましょう。

高《たか》いけど あったかいですよ!
カシミヤ
はだざわりがよく、体《からだ》にふれてもチクチクしません。つるつるとした毛《け》がとくちょうです。

安《やす》いですよ〜!
ウール
しわになりにくく、形《かた》くずれしません。冬《ふゆ》だけでなく、夏《なつ》にも着《き》られるすぐれものです。

着心地《きごこち》が いいわよ!
わた
通気性《つうきせい》がよく、やわらかいはだざわりがとくちょうです。熱《ねつ》に強《つよ》いためアイロンがけしやすいです。

アクリル
じょうぶネ!
石油《せきゆ》を原料《げんりょう》にしていて、もうふなどにも使《つか》われます。ウールににたさわり心地《ごこち》で、きれいな色《いろ》にそめることができます。

季《き》節《せつ》ごとのファッションを楽《たの》しもう

**服《ふく》は季《き》節《せつ》ごとに、天《てん》気《き》や気《き》温《おん》に合《あ》わせて選《えら》びますよね。でも、それだけじゃつまらない！

季《き》節《せつ》に合《あ》わせたおしゃれも楽《たの》しみましょう。おすすめはこちら！**

春《はる》

昼《ひる》はあたたかくても、夜《よる》はすずしくなることが多《おお》いので、ぬいだり着《き》たりできる上着《うわぎ》があると便利《べんり》です。パステルカラーや花《はな》がらの上着《うわぎ》で春《はる》らしさをまんきつしましょう。

夏《なつ》

空気《くうき》が通《とお》りやすいゆったりした服《ふく》を着《き》れば、暑《あつ》い日《ひ》もさわやかにすごせます。白《しろ》や青《あお》などの色《いろ》を選《えら》ぶと、よりすずやかな印象《いんしょう》になります。

秋《あき》

空気《くうき》が冷《つめ》たくなってくる季節《きせつ》です。あつでのカーディガンや上着《うわぎ》で、めりはりをつけましょう。落《お》ち葉《ば》に合《あ》わせた茶色《ちゃいろ》や黄色《きいろ》のアイテムでまとめるとおしゃれに見《み》えます。

冬《ふゆ》

あったかい毛糸《けいと》のセーターを着《き》て、コートをはおり、マフラーなどの小物《こもの》を使《つか》って体《からだ》をあたためましょう。黒《くろ》や赤《あか》などのこい色《いろ》のものを選《えら》ぶと、あたたかそうに見《み》えます。

季節感《きせつかん》のある服《ふく》を選《えら》ぶと、まわりの人《ひと》に「なんだかすてきな人《ひと》だ!」と思《おも》ってもらえるかもしれません。人《ひと》によってにあう色《いろ》もちがうのでみんなもいろいろためしてみてくださいね。

ものの
ふしぎ

めがねを使《つか》うと、ものがはっきり見《み》えるのはなぜ？

目《め》は、目《め》のおくに光《ひかり》を集《あつ》めることでものを見《み》ています。このとき使《つか》うのが、目《め》の筋肉《きんにく》と目《め》の中《なか》にあるとうめいなレンズです。

でも、目《め》を使《つか》いすぎて、目《め》の筋肉《きんにく》がはたらかなくなると、目《め》の中《なか》のレンズも動《うご》かなくなります。すると、目《め》のおくに光《ひかり》をうまく集《あつ》められず、遠《とお》くのものがぼやけて見《み》えます。これが、目《め》が

よく見《み》える人《ひと》の目《め》

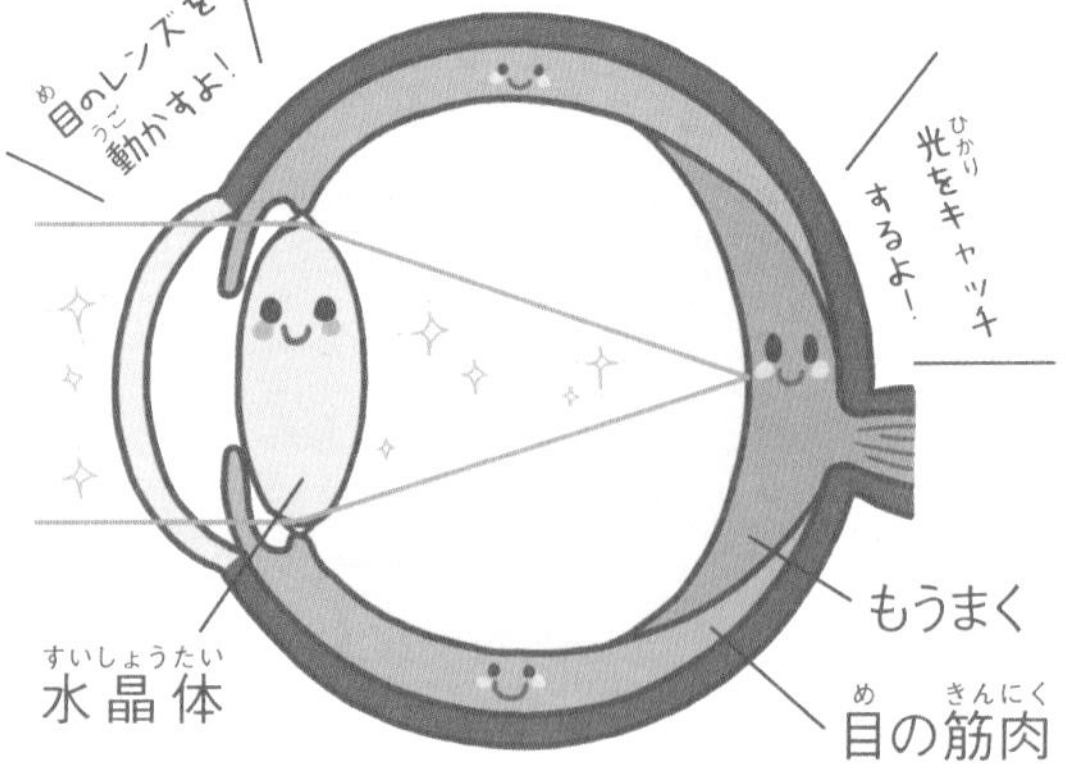

目《め》のレンズを動《うご》かすよ！
光《ひかり》をキャッチするよ！
もうまく
水晶体《すいしょうたい》
目《め》の筋肉《きんにく》

目《め》の筋肉《きんにく》が元気《げんき》に動《うご》くと、目《め》の中《なか》のレンズ「水晶体《すいしょうたい》」の形《かたち》を変《か》えます。すると、光《ひかり》が通《とお》るときに角度《かくど》がかわって、目《め》のおくの「もうまく」に光《ひかり》が集《あつ》まり、ものが見《み》えます。

悪《わる》くなるということです。
こんなとき、めがねは目《め》の中《なか》のレンズのはたらきをたすけます。めがねのレンズには光《ひかり》の向《む》きを変《か》えるはたらきがあります。ここに光《ひかり》が通《とお》ると、目《め》のおくにちゃんと光《ひかり》がとどき、はっきりものが見《み》えるようになるのです。

めがねのレンズをよく見ると…

遠《とお》くのものが見《み》えない人《ひと》のめがねには、「凹《おう》レンズ」がついています。まんなかはへこんでいて、はじはふくらんでいます。

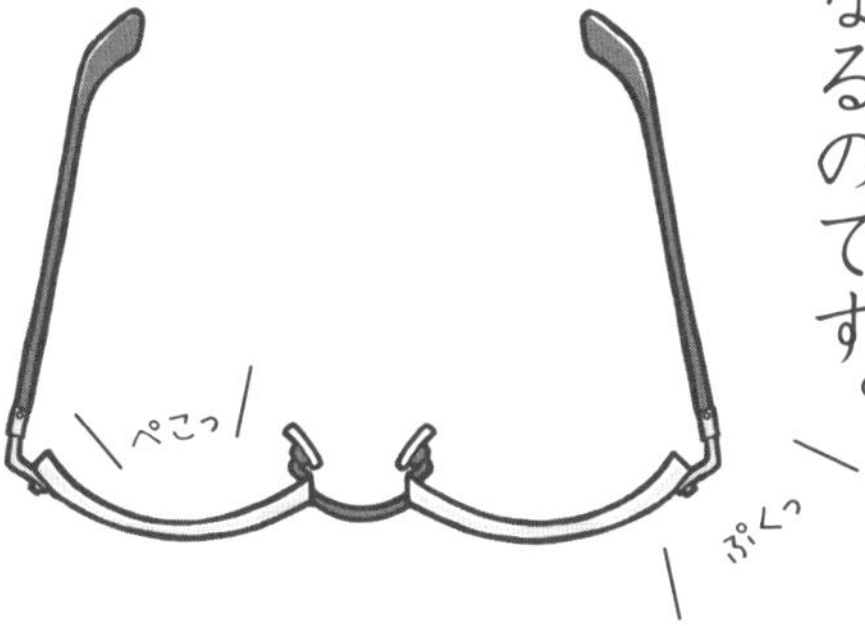
ぺこっ
ぷくっ

めがねをかけたとき

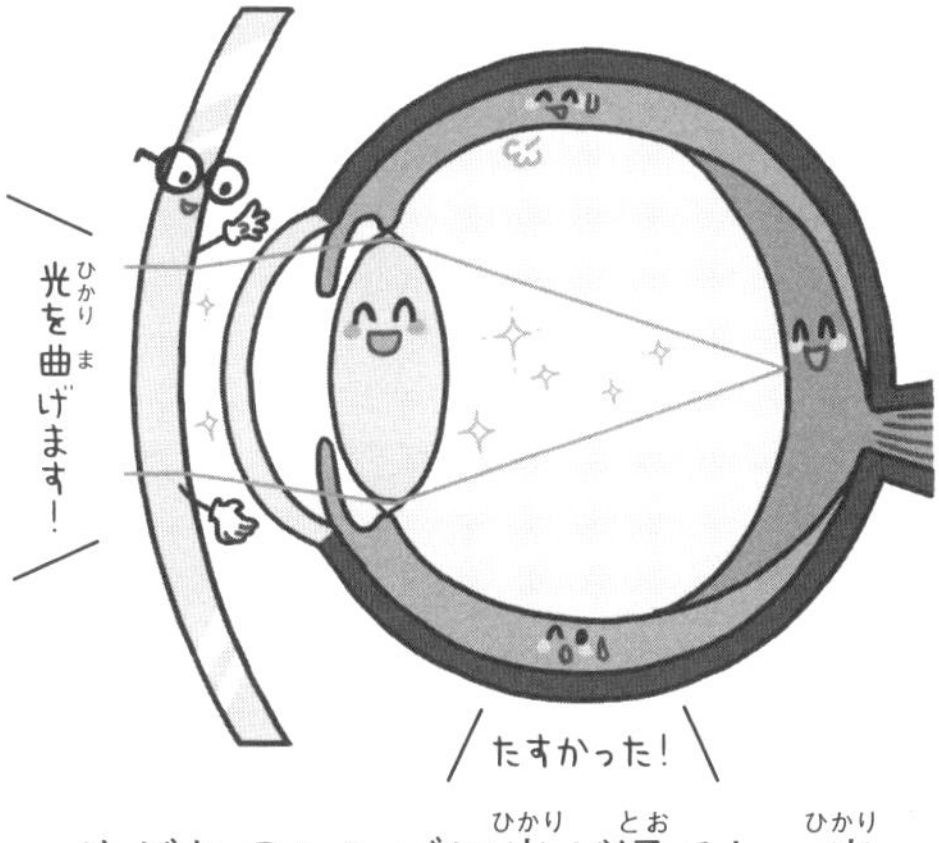
光《ひかり》を曲《ま》げます！
たすかった！

めがねのレンズに光《ひかり》が通《とお》ると、光《ひかり》の進《すす》む方向《ほうこう》が変《か》わります。おかげで目《め》のおくに光《ひかり》がとどき、ものがはっきり見《み》えます。

見《み》えづらい人《ひと》の目《め》

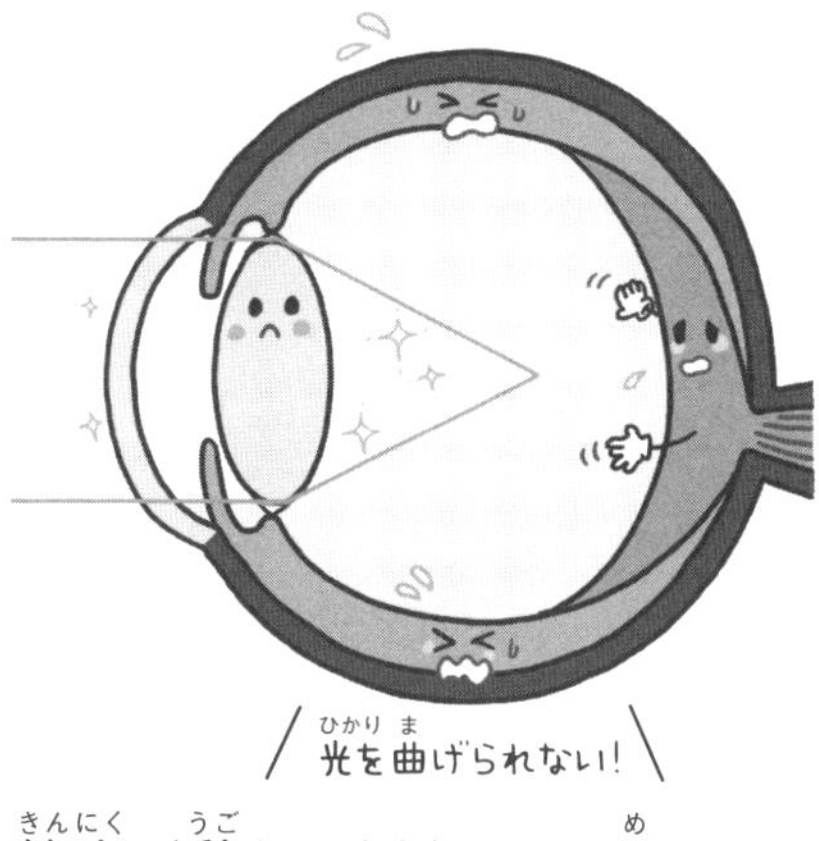
光《ひかり》を曲《ま》げられない！

目《め》の筋肉《きんにく》が動《うご》きにくくなると、目《め》の中《なか》のレンズもうまく動《うご》かず目《め》のおくに光《ひかり》がうまくとどきません。

人間《にんげん》の目《め》には見《み》えない世界《せかい》

わたしたち人間《にんげん》は、いろいろな物《もの》が見《み》えていると思《おも》いがちです。でも、見《み》えていない物《もの》は、意外《いがい》と多《おお》いのです。

トンボは4枚《まい》の羽《はね》を
すばやく動《うご》かして飛《と》んでいるよ!
たのしいね!

速《はや》すぎて見《み》えない!

虫《むし》の羽《はね》の動《うご》きや、鳥《とり》のはばたきなどは、速《はや》すぎて人間《にんげん》の目《め》で追《お》うことができません。

心《こころ》は見《み》えない!

人《ひと》の心《こころ》は、目《め》にははっきりと見《み》えないものです。でも、心《こころ》は表情《ひょうじょう》やしぐさなどから、感《かん》じ取《と》ることができます。ときにはあいての気持《きも》ちに立《た》って想像《そうぞう》してみると、その心《こころ》がわかるかもしれません。

まぶしすぎて見《み》えない!

昼間《ひるま》も星《ほし》は出《で》ています。太陽《たいよう》のまぶしい光《ひかり》にかくれてしまうので、見《み》えないのです。

形《かたち》がなくて見《み》えない!

太陽《たいよう》の光《ひかり》には日焼《ひや》けの原因《げんいん》になる紫外線《しがいせん》という物《もの》がふくまれていますが、形《かたち》のあるものではないので見《み》えません。

小《ちい》さすぎて見《み》えない!

土《つち》や空気《くうき》、海《うみ》や川《かわ》、人《ひと》の体《からだ》には、目《め》には見《み》えないぐらい小《ちい》さな微生物《びせいぶつ》がいます。じつは、スプーン1ぱいの土《つち》に、約《やく》10億個《おくこ》の微生物《びせいぶつ》がいるのです。人《ひと》にとってよいものもいれば、わるいものもいます。

未来《みらい》は見《み》えない!

あなたは、左《ひだり》の人《ひと》がこのあとどうなるかわかりますか?　あなただけでなく、だれにもその人《ひと》がどうなるのかなんてわかりませんね。未来《みらい》はだれにも見《み》えないものです。見《み》えないからこそ、想像《そうぞう》ができて楽《たの》しいのです。

ものの
ふしぎ

自転車《じてんしゃ》はどうしてたおれずに走《はし》れるの？

自転車《じてんしゃ》がたおれないように走《はし》るには、乗《の》っている人《ひと》がバランスをとることが大切《たいせつ》です。

でもそのほかに、自転車《じてんしゃ》は、目《め》には見《み》えないさまざまな力《ちから》や科学《かがく》の法則《ほうそく》にしたがったりすることで、たおれずに進《すす》むことができるのです。どんな力《ちから》やルールがあるのか見《み》てみましょう。

まさつ力《りょく》

物《もの》が動《うご》くのをさまたげる力《ちから》です。平《たい》らなところでは、あまりはたらきません。

すいしん力《りょく》

行《い》きたい方向《ほうこう》に進《すす》む力《ちから》。タイヤが地面《じめん》をおす力《ちから》と、地面《じめん》がタイヤをおし返《かえ》す力《ちから》が合《あ》わさった力《ちから》です。

重力《じゅうりょく》

地球《ちきゅう》の中心《ちゅうしん》に向《む》かって引《ひ》っぱられる力《ちから》です。

まさつ力《りょく》
すいしん力《りょく》
もどれ！
重
進《すす》むよ！
重力《じゅうりょく》
重
引《ひ》っぱるよ！

こんな科学《かがく》の力《ちから》がはたらいている!

慣性《かんせい》

慣性《かんせい》とは、ほかからよけいな力《ちから》がかからないかぎり、動《うご》いている物《もの》は同《おな》じ動《うご》きをしつづけようとするはたらきのことです。自転《じてん》車《しゃ》は平《たい》らな道《みち》だと、しばらくは慣《かん》性《せい》にしたがってたおれません。

ジャイロ効果《こうか》

円形《えんけい》の物《もの》は回《まわ》っているとき、ほかからよけいな力《ちから》がかからないかぎり、たおれないようバランスをたもとうとします。これを科学《かがく》の専門用語《せんもんようご》でジャイロ効《こう》果《か》といいます。

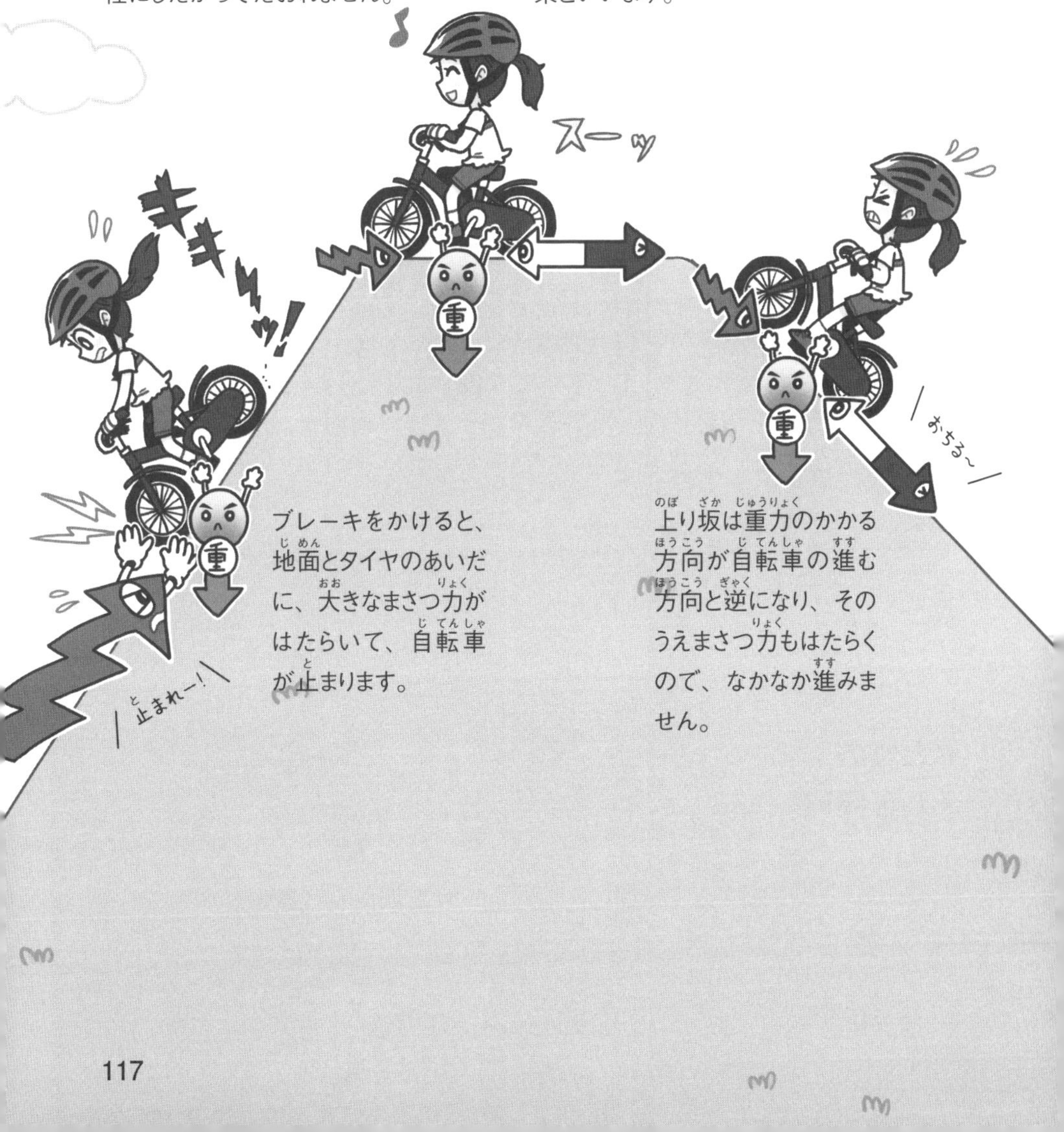

ブレーキをかけると、地面《じめん》とタイヤのあいだに、大《おお》きなまさつ力《りょく》がはたらいて、自転車《じてんしゃ》が止《と》まります。

上《のぼ》り坂《ざか》は重力《じゅうりょく》のかかる方向《ほうこう》が自転車《じてんしゃ》の進《すす》む方向《ほうこう》と逆《ぎゃく》になり、そのうえまさつ力《りょく》もはたらくので、なかなか進《すす》みません。

みぢかな遊《あそ》びにも科学《かがく》がいっぱい!

ふだんの遊《あそ》びの中《なか》にも、ふしぎな科学《かがく》はひそんでいます。ふしぎなアイテムを手《て》に入《い》れた男《おとこ》の子《こ》といっしょに、科学《かがく》のふしぎを見《み》つけてみましょう。

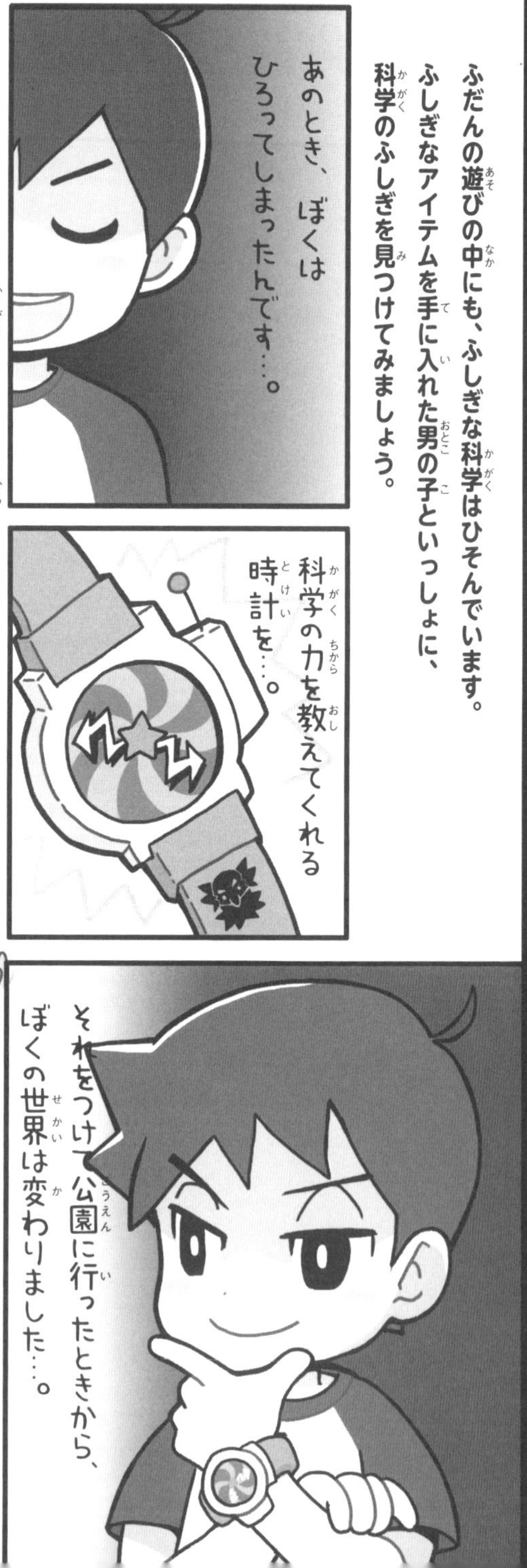
あのとき、ぼくはひろってしまったんです…。
科学《かがく》の力《ちから》を教《おし》えてくれる時計《とけい》を…。
それをつけて公園《こうえん》に行《い》ったときから、ぼくの世界《せかい》は変《か》わりました…。

そこには、めくるめく科学《かがく》のふしぎが広《ひろ》がっていたのです。

支《ささ》えるところ
体重《たいじゅう》の軽《かる》い人《ひと》は後《うし》ろにすわろう!

光《ひかり》と影《かげ》のふしぎ発見《はっけん》!

光《ひかり》にはまっすぐ進《すす》む性質《せいしつ》があり、物《もの》にさえぎられると影《かげ》ができます。雲《くも》で太陽《たいよう》の光《ひかり》が弱《よわ》まると影《かげ》の形《かたち》がわかりにくくなり、影《かげ》ふみ遊《あそ》びができません。

てこの原理《げんり》発見《はっけん》!

「てこの原理《げんり》」とは、支《ささ》えるところの近《ちか》くの重《おも》たいものを、遠《とお》くにおいた軽《かる》いもので持《も》ち上《あ》げられるしくみのことです。シーソーで遊《あそ》ぶときも、このしくみがはたらいています。

空気《くうき》のていこう発見《はっけん》!

ものが動《うご》くときは、空気《くうき》とふれている部分《ぶぶん》に力《ちから》がかかりまます。これが、「空気《くうき》のていこう」です。すべり台《だい》をすべるときは足《あし》をとじたり、ねそべるとスピードアップします。

振《ふ》り子《こ》の原理《げんり》発見《はっけん》!

「振《ふ》り子《こ》の原理《げんり》」とは、重《おも》りが動《うご》いたとき、一定《いってい》のスピードで動《うご》き続《つづ》けるはたらきのことです。ブランコは人《ひと》が重《おも》りとなって体《たい》重《じゅう》やいきおいをかけることで動《うご》いています。

このように、みぢかな場所《ばしょ》や遊《あそ》びの中《なか》でも、ふしぎな科学《かがく》に出会《であ》うことができます。ほかにも、ふしぎなことがないか、ぜひさがしてみてください。

どうして薬《くすり》ってにがいの？

薬《くすり》がにがいのは、おもに薬《くすり》にふくまれているアルカロイドという成分《せいぶん》のせいです。

アルカロイドは植物《しょくぶつ》にふくまれる毒《どく》のひとつです。薬《くすり》がにがいのは、アルカロイドの「毒《どく》かもしれない」というきけん信号《しんごう》なのです。

研究《けんきゅう》のすえ、アルカロイドは病気《びょうき》への効果《こうか》が見《み》こめるとされましたが、味《あじ》は変《か》えられなかったのです。

おくすりスリーチャンネル

これなー
よう言《い》われんねん
最初《さいしょ》の質問《しつもん》は…
どうして薬《くすり》ってにがいの？

子《こ》どもは味覚《みかく》がすぐれているからにがく感《かん》じる！

人間《にんげん》の舌《した》には味《あじ》を感《かん》じる「味蕾《みらい》」があるんや。子《こ》どもはこの数《かず》がおとなよりも多《おお》いから、薬《くすり》のにがみを強《つよ》く感《かん》じるんやで。

子《こ》どもの味覚《みかく》センサーはおとなの2倍《ばい》や！

飲《の》みすぎないためににがくしている!?

もし薬《くすり》がめっちゃうまかったら、めっちゃ飲《の》むよな？　でも薬《くすり》は必要《ひつよう》以上《いじょう》に飲《の》むと体《からだ》の中《なか》のいい菌《きん》などもころしてしまうんや。だから、わざとにがくしてるんやで。

飲《の》みすぎはあかんで！

水《みず》にとけにくくするためににがくなった？

薬《くすり》をとどけるで！
アルカロイド

アルカロイドには、にがいだけでなく水《みず》にとけにくい性質《せいしつ》があるんや。このアルカロイドのおかげで薬《くすり》はとけることなく小腸《しょうちょう》までとどいて、効果《こうか》をはっきするんや。

みんなをたすけるお薬《くすり》たち

薬《くすり》はいろいろなすがたや形《かたち》になって、わたしたちが病気《びょうき》やけがをしたときに、体《からだ》がなおるのをたすけています。

ティバル 20XX

飲《の》まれてあなたをなおします!

内服薬《ないふくやく》

1つぶでよくきくで!

錠剤《じょうざい》

粉薬《こなぐすり》をかためたものや。小《ちい》さいから飲《の》みやすく、薬《くすり》の効果《こうか》が粉薬《こなぐすり》より早《はや》いんやで!

粉薬《こなぐすり》

一度《いちど》に飲《の》む量《りょう》を体重《たいじゅう》や年齢《ねんれい》に合《あ》わせて、こまかく調節《ちょうせつ》できるんや。サイコーやろ!

シロップ

子《こ》どもに人気《にんき》なんよ! 錠剤《じょうざい》や粉薬《こなぐすり》とくらべてほぞん期間《きかん》が短《みじか》いから要注意《ようちゅうい》や。

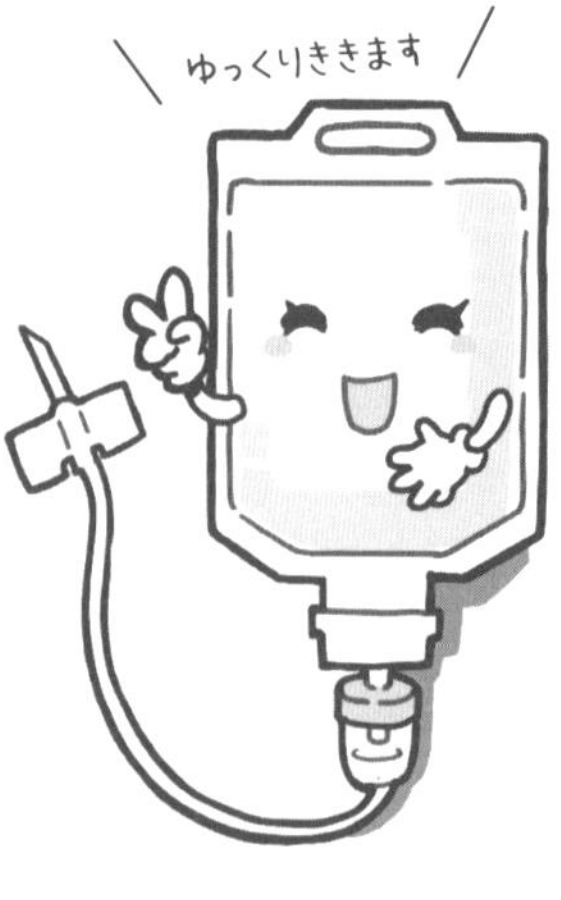
ゆっくりききます

さしてあなたをたすけます!

注射薬《ちゅうしゃやく》

直接《ちょくせつ》、血管《けっかん》や筋肉《きんにく》に薬《くすり》を入《い》れられて、意識《いしき》がない人《ひと》にも対応《たいおう》できるんだ。かならず医師《いし》や看護師《かんごし》が行《おこな》うよ。

早《はや》くきくぞ!

おくすり フェス

体《からだ》の外《そと》からあなたを守《まも》ります!

外用薬《がいようやく》

たまには
わたしも使《つか》ってね!

座薬《ざやく》

おしりから入《い》れる薬《くすり》だよ。内服薬《ないふくやく》にくらべて体《からだ》への効果《こうか》が早《はや》いのよ♪

くっつくぜ!

シップ

皮《ひ》ふにはって、いたみやはれているところの治療《ちりょう》をする薬《くすり》なのさ。

かんだら
あかん～♪

トローチ

口《くち》の中《なか》でとかしながら使《つか》う薬《くすり》よ～。のどの痛《いた》みなどにきくのよ～。

パチクリ!

目薬《めぐすり》

目《め》のねん膜《まく》に直接《ちょくせつ》使《つか》う薬《くすり》なんだ。かゆみや充血《じゅうけつ》をおさえる効果《こうか》があるんだな。

カードをかざすだけで なんで電車《でんしゃ》に乗《の》れるの？

かいさつ機《き》にかざすだけで、電車《でんしゃ》に乗《の》ることができるべんりなカードのことを「I《アイ》C《シー》カード」といいます。かざすだけで、電《でん》車《しゃ》に乗《の》れるのは、このIC《アイシー》カードとそれを読《よ》み取《と》る「リーダー」という機《き》械《かい》のおかげです。

カードをかざして「ピッ」と鳴《な》るわずか〇《れい》・一秒《いちびょう》のうちに、IC《アイシー》カードとリーダーは、こんな情報《じょうほう》をやりとりしているのです。

IC《アイシー》カードのしくみ

リーダーの中《なか》にあるアンテナから、目《め》には見《み》えない「磁気《じき》」というものが出《で》ています。IC《アイシー》カードを近《ちか》づけると、カード内《ない》のアンテナが磁気《じき》を受《う》け取《と》り、IC《アイシー》チップとリーダーのコンピューターが情報《じょうほう》のやりとりをはじめます。

IC《アイシー》カード
アンテナ
IC《アイシー》チップ
アンテナ
中《なか》にコンピューターが入《はい》っている。
リーダー

ピッ!のあいだに こんな情報《じょうほう》のやりとりがあった!

ふだんはほかの人《ひと》に情報《じょうほう》が読《よ》まれないよう、暗号《あんごう》を使《つか》ってやりとりをしています。今回《こんかい》は特別《とくべつ》にIC《アイシー》カードちゃんとリーダーくんのやりとりを大公開《だいこうかい》します。

IC《アイシー》カード

リーダー

IC《アイシー》カード：磁気《じき》をうけとったわ! やりとりしましょ!

リーダー：おー! 始《はじ》めようぜ!

IC《アイシー》カード：わたしが乗《の》ってきたのは○○駅《えき》だよ! 残《のこ》りのお金《かね》は500円《えん》よ。

リーダー：この駅《えき》は□□駅《えき》だから、運賃《うんちん》は170円《えん》だぜ!

IC《アイシー》カード：わかったわ〜!

リーダー：170円《えん》引《ひ》くと残金《ざんきん》は330円《えん》だ。記録《きろく》しておいてくれよ。

IC《アイシー》カード：はーい! 記録《きろく》しておくわ。じゃあね。

注意《ちゅうい》

ICカード《アイシー》を重《かさ》ねて通《とお》すと、どのカードとやりとりをするかリーダーがまよって、IC《アイシー》カードがうまく反応《はんのう》しなくなります。

町《まち》の中《なか》にかくされたメッセージ

町《まち》の中《なか》には、くらしをべんりにするための情報《じょうほう》であふれています。中《なか》には目《め》に見《み》えないものや、一目《ひとめ》見《み》ただけではなんの情報《じょうほう》なのかわからないものがあります。

BOOK
新刊
○○○のふしぎ
タカハシ書店
QR《キューアール》コード
白黒《しろくろ》の点《てん》が印刷《いんさつ》されたコード。携帯電話《けいたいでんわ》で読《よ》み取《と》ると、広告《こうこく》や買《か》い物《もの》に必要《ひつよう》な情《じょう》報《ほう》を見《み》られます。
点字《てんじ》ブロック
目《め》が不自由《ふじゆう》な人用《ひとよう》に地《じ》面《めん》にしかれているブロック。注意《ちゅうい》を示《しめ》す「警告《けいこく》ブロック」と進《すす》んでもよい方向《ほうこう》を示《しめ》す「誘導《ゆうどう》ブロック」があります。
警告《けいこく》ブロック
誘導《ゆうどう》ブロック

手話《しゅわ》（指文字《ゆびもじ》）
耳《みみ》が不自由《ふじゆう》な人《ひと》が、「あいうえお」などの五十音《ごじゅうおん》を指《ゆび》で表《あらわ》す方法《ほうほう》です。
OXスーパー
Welcome!
ほじょ犬
マーク
町《まち》なかのマークには、さまざまな情報《じょうほう》がこめられています。このほじょ犬《けん》マークは、「体《からだ》の不自由《ふじゆう》な人《ひと》が補助犬《ほじょけん》といっしょに利用《りよう》できる場所《ばしょ》」という目印《めじるし》です。
無線《むせん》LAN《ラン》
目《め》には見《み》えない電波《でんぱ》をやりとりするしくみ。このしくみを使《つか》えば、インターネットにある情報《じょうほう》を得《え》られます。
キャ！ ねふだつきっぱなし！
受信中《じゅしんちゅう》！
バーコード
太《ふと》さのちがう黒《くろ》い線《せん》が印刷《いんさつ》されたコード。商品《しょうひん》の値段《ねだん》や種類《しゅるい》が記録《きろく》されています。

もののふしぎ

新商品《しんしょうひん》はどうやってできるの？

今月《こんげつ》の新商品《しんしょうひん》や新刊《しんかん》など、お店《みせ》に行《い》くとさまざまな新商品《しんしょうひん》を見《み》かけますね。新商品《しんしょうひん》は、すべてだれかの「あったらいいな」という思《おも》いから生《う》まれます。でも、それを形《かたち》にするのはたいへんなことです。

新《あたら》しいおかしを作《つく》ることにしたぼくは、ヒントを求《もと》めてさがしまわった。
うーん…
アンケートを取《と》ったりもしたっけ…。
アンケート
アンケート結果
•くり 300票
•さつまいも 200票
•かぼちゃ 50票
•さんま 10票
これだ！
あら、いいわね！
KURI HOKU

失敗《しっぱい》からうまれた商品《しょうひん》

みなさんがよく知《し》っているものの中《なか》には、失敗《しっぱい》からうまれたものもあります。たとえばカニ風《ふう》味《み》かまぼこは、人工《じんこう》クラゲという食材《しょくざい》を作《つく》るとちゅうの失敗《しっぱい》作《さく》からうまれました。

開発会議《かいはつかいぎ》ではなかなか企画《きかく》が通《とお》らなくて大変《たいへん》だったなぁ……。
KURI SNACK
これがNEW《ニュー》クリスナックです!
ありがちじゃない!?
ようやく作《つく》りはじめたけど、理想《りそう》の味《あじ》や食感《しょっかん》ができるまでに何《なん》か月《げつ》もかかった……。
べちゃっとしてる。
まずい!
できた!

このように新商品《しんしょうひん》は、何度《なんど》もやりなおしをくり返《かえ》して作《つく》られます。みなさんも何《なに》か物《もの》を作《つく》るときは、失敗《しっぱい》をおそれずどんどんチャレンジしてみましょう。

売《う》れてよかった!
うまさにびっクリ!!
クリホクチップス
新発売!

「あったらいいな」からアイデアグッズを作《つく》ろう！

家族《かぞく》や友《とも》だちから「あったらいいな」という気持《きも》ちを引《ひ》き出《だ》して、自分《じぶん》なりのアイデアグッズを新《あたら》しく作《つく》ってみましょう。

よういするもの

・ノート　・えんぴつ
・アイデアグッズを作《つく》るのに必要《ひつよう》なもの

1 「あったらいいな」をさがそう

まわりの人《ひと》を観察《かんさつ》したり、聞《き》きこみをしたりして、「あったらいいな」を集《あつ》めましょう。

くつ下《した》、また
ぬぎちらかしてる！

ついつい…
くつ下《した》を
ぬぎちらかさない
方法《ほうほう》はないかな？

直接聞《ちょくせつき》く方法以外《ほうほういがい》に、人《ひと》が実際《じっさい》にこまっている場面《ばめん》から、その人《ひと》が「あったらいいな」と思《おも》っていることを想像《そうぞう》してみてもいいね。

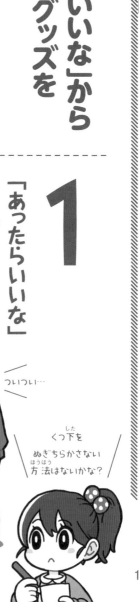

2

アイデアを形《かたち》にしてみよう

集《あつ》めた「あったらいいな」の中《なか》から、自分《じぶん》が解決《かいけつ》したいテーマを決《き》めます。アイデアをふくらませてかいた設計図《せっけいず》をもとに、実際《じっさい》に作《つく》ってみましょう。

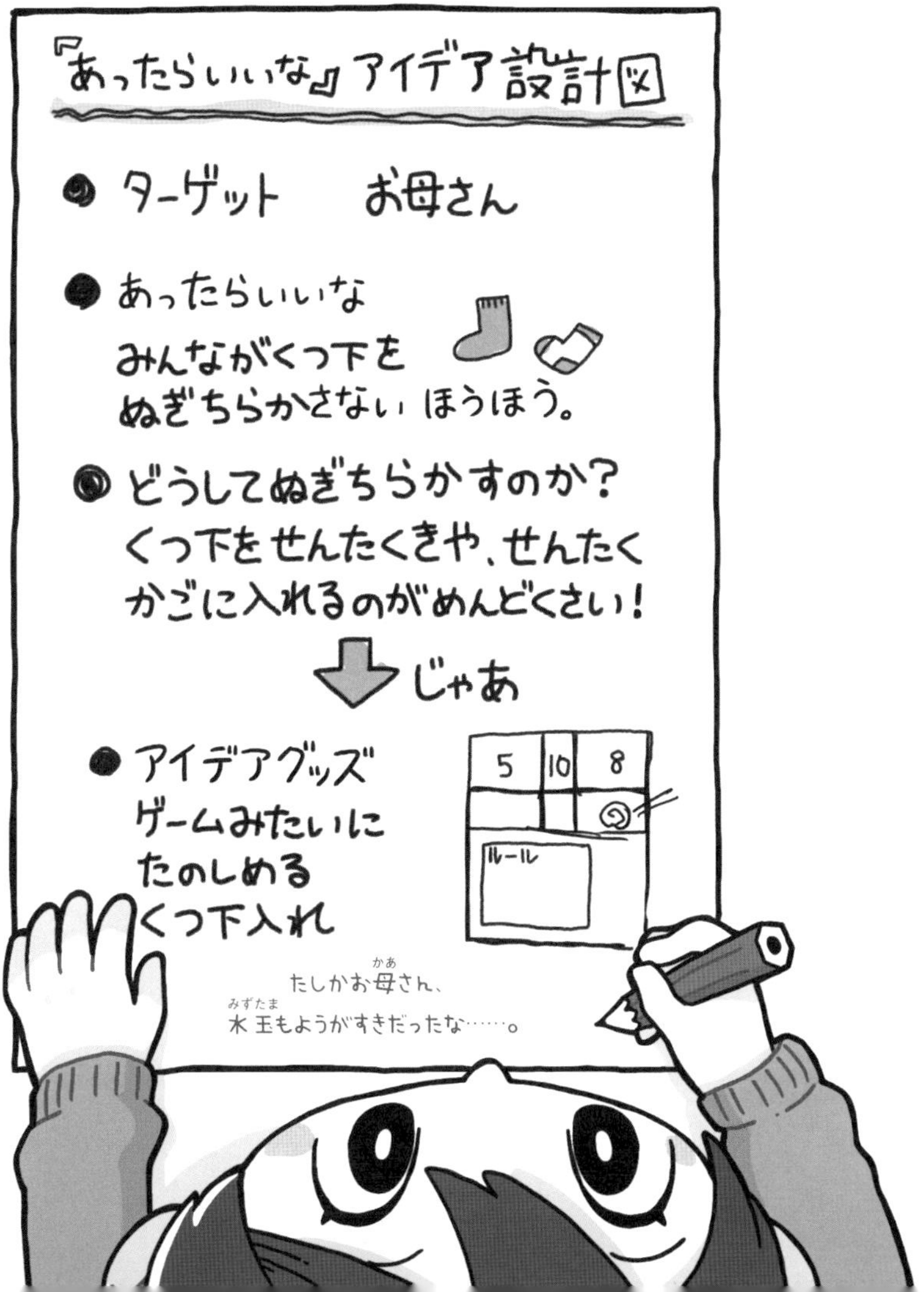

『あったらいいな』アイデア設計図
ターゲット　お母さん
あったらいいな
みんながくつ下を
ぬぎちらかさない ほうほう。
どうしてぬぎちらかすのか？
くつ下をせんたくきや、せんたく
かごに入れるのがめんどくさい！
じゃあ
アイデアグッズ
ゲームみたいに
たのしめる
くつ下入れ
5
10
8
ルール
たしかお母《かあ》さん、
水玉《みずたま》もようがすきだったな……。

3 作《つく》った アイデアグッズを 見《み》せてみよう

作《つく》ったアイデアグッズを、まわりの人《ひと》に使《つか》ってもらいましょう。

使《つか》ったときのようすや感想《かんそう》を記録《きろく》しておくと、あとで手直《てなお》しできて、よりよいアイデアグッズになります。

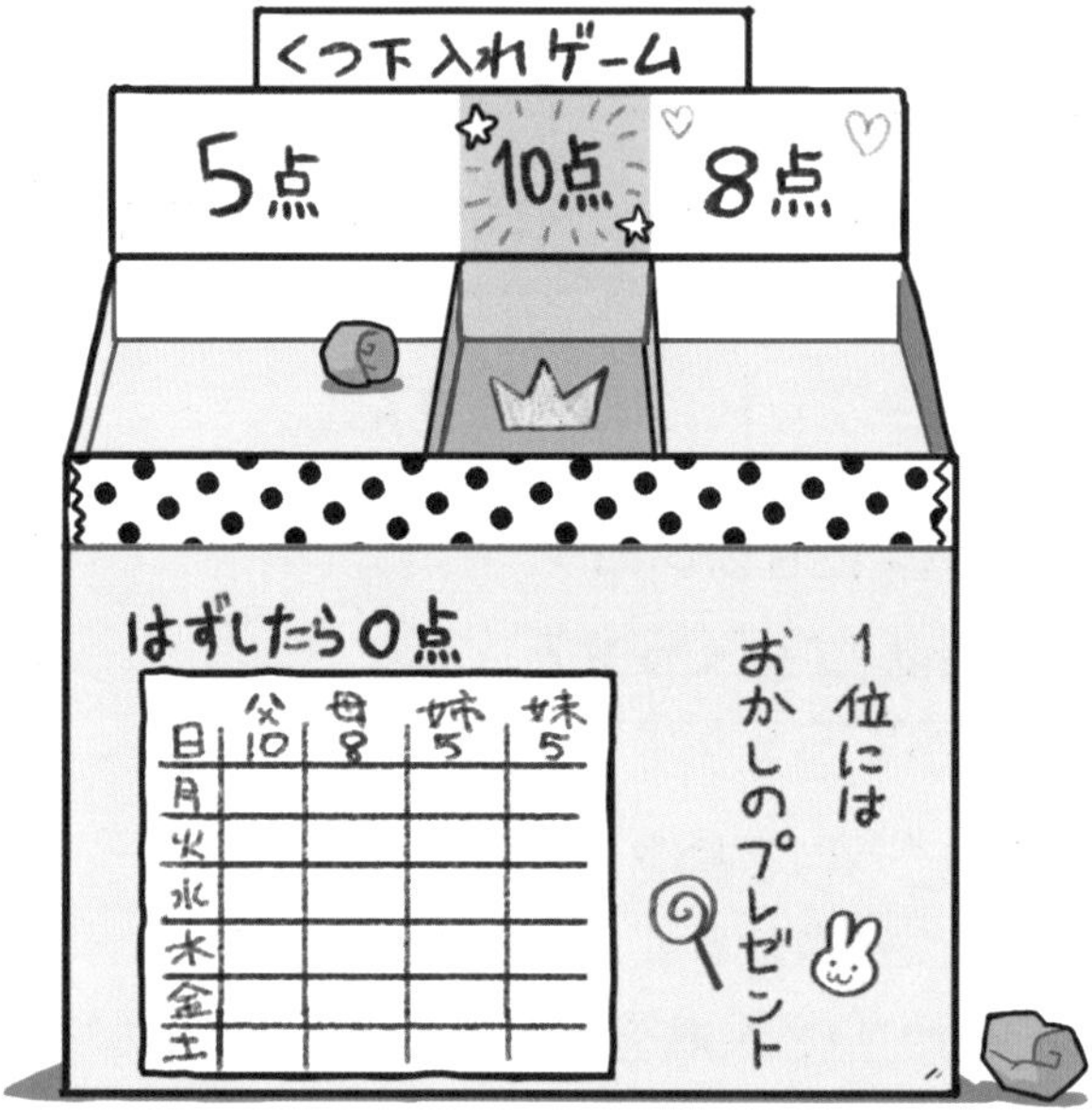
くつ下入れゲーム
5点
10点
8点
はずしたら0点
日 父10 母8 姉5 妹5
月
火
水
木
金
土
1位にはおかしのプレゼント

何度《なんど》もくつ下《した》を投《な》げていると、ふたがやぶれてきたわ。
今度《こんど》はじょうぶな段《だん》ボールにしてみるね！

きせつのふしぎ

どうして春《はる》に花見《はなみ》をするの？

長《なが》い冬《ふゆ》がおわり、ようやくおとずれた春《はる》を楽《たの》しむために、花見《はなみ》はあります。人《ひと》びとは時代《じだい》ごとにさまざまな花見《はなみ》を楽《たの》しんできたようです。

古代《こだい》の花見《はなみ》

さくらの「さ」は田《た》の神《かみ》、「くら」は宿《やど》る場所《ばしょ》という意味《いみ》があります。農民《のうみん》は酒《さけ》やごちそうで神様《かみさま》をもてなして、豊作《ほうさく》をいのるために花見《はなみ》をしていたようです。

平安時代《へいあんじだい》の花見《はなみ》

それまで花見《はなみ》といえば梅《うめ》を見《み》るのが定番《ていばん》でしたが、一二〇〇年《せんにひゃくねん》ほど前《まえ》の平安時代《へいあんじだい》からさくらの花見《はなみ》が広《ひろ》がりました。貴族《きぞく》たちは花《はな》をながめながら食事《しょくじ》などをし、歌《うた》をよみました。

お米《こめ》がたくさんとれますように～
ヒックヒック

たのしそうでよかったあ…
吉宗《よしむね》さまサイコー!!
酒
吉宗《よしむね》さま大スキー

江戸《えど》時代《じだい》の花見《はなみ》

四〇〇年《よんひゃくねん》ほど前《まえ》の江戸時代《えどじだい》には、寺《てら》や神社《じんじゃ》などにもさくらが植《う》えられます。その後《ご》、徳川吉宗《とくがわよしむね》という将軍《しょうぐん》が、さくらをいろいろな場所《ばしょ》に植《う》えて、江戸《えど》の町《まち》の人《ひと》に花見《はなみ》をすすめました。これが今《いま》の花見《はなみ》のもとになります。

いいなあ…

今《いま》の花見《はなみ》

今《いま》、親《した》しまれている花見《はなみ》では、さくらを見《み》ながら、ごはんを食《た》べたり、酒《さけ》を飲《の》んだりします。春《はる》は新《あたら》しい出会《であ》いの季節《きせつ》なので、人《ひと》と人《ひと》とがなかよくなるきっかけとして、花《はな》見《み》をすることもあります。

花粉症《かふんしょう》って何《なに》？

春《はる》になると、スギなどの木《き》の花粉《かふん》が飛《と》びはじめます。この花粉《かふん》が体《からだ》の中《なか》に入《はい》ると、体《からだ》を守《まも》ろうとする力《ちから》が花粉《かふん》をきけんなものとかんちがいして、体《からだ》の外《そと》に出《だ》そうとくしゃみや鼻水《はなみず》が出《で》ることがあります。これが「花粉症《かふんしょう》」です。

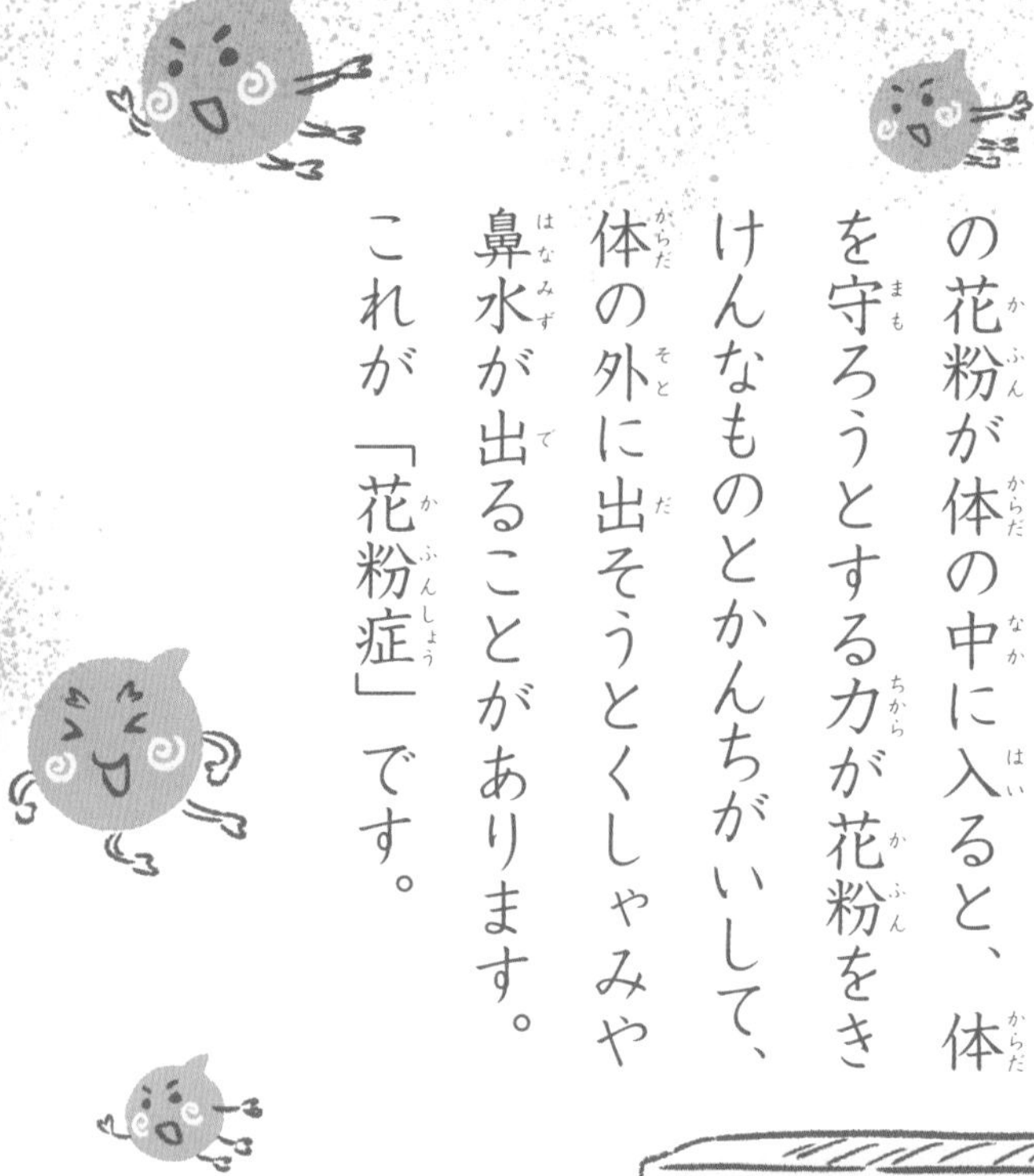

花粉症《かふんしょう》がふえた理由《りゆう》

原因《げんいん》のひとつに、スギがふえすぎたことがあります。75年《ねん》ほど前《まえ》、戦争《せんそう》がおわった日本《にほん》は、家《いえ》を建《た》てるための木材《もくざい》が不足《ふそく》していました。そこで、成長《せいちょう》が早《はや》いスギを多《おお》く植《う》えたことからスギの花粉《かふん》が全国《ぜんこく》に広《ひろ》がり、花粉症《かふんしょう》の人《ひと》がふえたといわれています。

スギ花粉《かふん》のプロフィール

時期《じき》：2月《がつ》〜4月《がつ》

とくちょう：数十《すうじゅう》〜数百《すうひゃく》キロメートルまで飛《と》ぶ

つらすぎるぜ…花粉症《かふんしょう》

花粉症《かふんしょう》の三大症状《さんだいしょうじょう》は、くしゃみ、鼻水《はなみず》、鼻《はな》づまりといわれます。ほかにもこんな具合《ぐあい》になる人《ひと》もいます。

頭《あたま》

頭《あたま》が重《おも》くなったり、ぼーっとしたり。熱《ねつ》っぽく感《かん》じることもあります。

目《め》

目《め》がかゆくなったり、赤《あか》くなったり、なみだが止《と》まらなくなる人《ひと》もいます。

心《こころ》

花粉症《かふんしょう》のせいで、集中力《しゅうちゅうりょく》が下《さ》がり、イライラすることも。

はだ

赤《あか》くなったり、ピリピリしてかゆくなったりする人《ひと》もいます。

体《からだ》を守《まも》りすぎてしまう！アレルギーのしくみ

ハー…ハー…

花粉症《かふんしょう》は、アレルギーのひとつです。
アレルギーとは、体《からだ》を守《まも》る力《ちから》が
本来《ほんらい》は体《からだ》に害《がい》がないものを
「体《からだ》に害《がい》をあたえるものだ！」と
かんちがいして追《お》い出《だ》そうとする
はたらきのことです。
アレルギーのとき、体《からだ》の中《なか》では何《なに》が
起《お》きているのか見《み》てみましょう。

① 花粉《かふん》が体内《たいない》に入《はい》ると、体《からだ》を守《まも》るはたらきをするB細胞《ビーさいぼう》が、体《からだ》にとって悪《わる》いものをたおすために必要《ひつよう》な「抗体《こうたい》」という物質《ぶっしつ》を作《つく》ります。

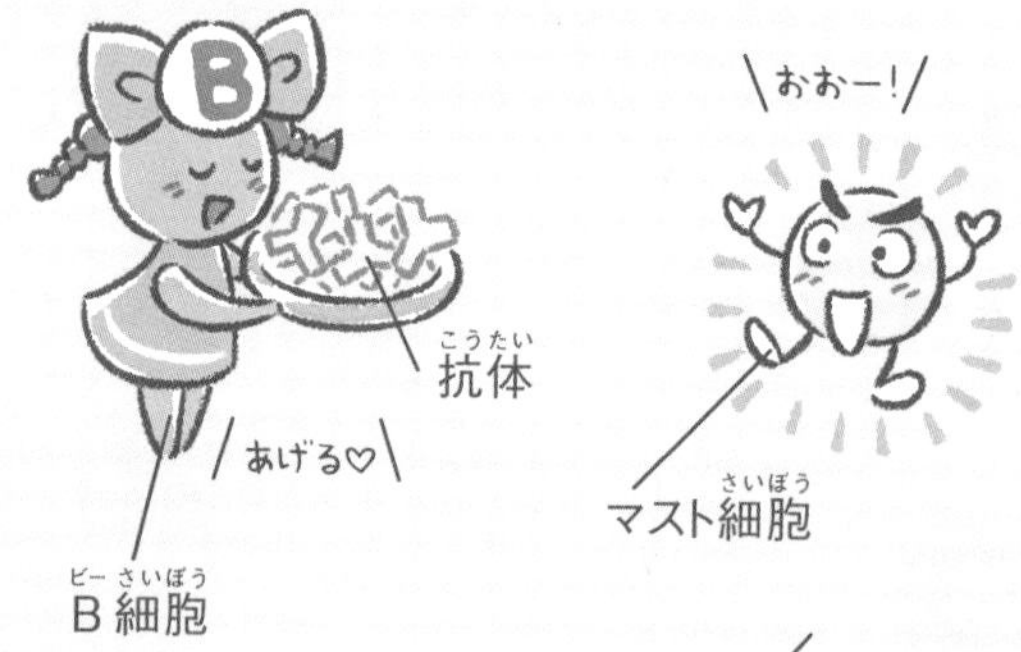
B
抗体《こうたい》
あげる♡
B細胞《ビーさいぼう》
おおー！
マスト細胞《さいぼう》

ずっといっしょよ♡
マスト細胞《さいぼう》くん
大好《だいす》き♡
マジか…
はなれないもん！

② すると、抗体《こうたい》は皮《ひ》ふや鼻《はな》などの粘膜《ねんまく》にある「マスト細胞《さいぼう》」にくっつきます。

③ ふたたび花粉《かふん》が体内《たいない》に入《はい》って抗体《こうたい》にくっつくと、マスト細胞《さいぼう》は「ヒスタミン」というしげきを伝《つた》える物質《ぶっしつ》を出《だ》します。

わーい
ピン
ヒスタミン めっちゃ出《で》てる…！
なかまが いっぱーい

④ このヒスタミンが鼻《はな》や目《め》の神経《しんけい》や血管《けっかん》にくっつくと、くしゃみが出《で》たり、目《め》がかゆくなったり、なみだが流《なが》れたりします。そうやって、体内《たいない》の花粉《かふん》を追《お》い出《だ》そうとするのです。

よし、花粉《かふん》を追《お》い出《だ》すぞ！
鼻水《はなみず》出《だ》して～
あっ 鼻《はな》の神経《しんけい》さん！
ハクション!!
ひゃっはー

花粉症《かふんしょう》のアレルギーをおさえるには、アレルギーのもとになる花粉《かふん》やほこりなどをへらすことがいちばんです。帰《かえ》ってきたら体《からだ》をあらい、洗《せん》たくとそうじをこまめにします。もし家族《かぞく》に花粉症《かふんしょう》の人《ひと》がいたら、お手伝《てつだ》いしてあげてください。

きせつのふしぎ

どうして春《はる》に入学式《にゅうがくしき》や卒業式《そつぎょうしき》をするの？

日本《にほん》では、春《はる》になると入学式《にゅうがくしき》や卒業式《そつぎょうしき》が行《おこな》われます。でもはじめは、外国《がいこく》と同《おな》じ九月《くがつ》ごろに行《おこな》われていました。どうして秋《あき》から春《はる》に変《か》わったのでしょうか。それには日本《にほん》ならではの理由《りゆう》があったのです。

一八七二年
學制

西洋《せいよう》にならって日本《にほん》にも学校制度《がっこうせいど》ができました。

Let's study!!
あこがれの学校制度《がっこうせいど》じゃ

身分《みぶん》に関係《かんけい》なく、だれもが学《がっ》校《こう》で勉強《べんきょう》できる制度《せいど》です。

このときは入学《にゅうがく》や進級《しんきゅう》などで新《あたら》しい学年《がくねん》がはじまるのは、西洋《せいよう》と同《おな》じ9月《がつ》とされていました。
このころの日本《にほん》は何《なに》かと「外国《がいこく》に負《ま》けないように」という気持《きも》ちが強《つよ》かったのです。

その後《ご》…

大臣《だいじん》！大変《たいへん》です！

バンッ
国《くに》の予算《よさん》を決《き》める会計年度《かいけいねんど》が4月《がつ》からはじまることになったのです。これでは学校《がっこう》に予算《よさん》がまわらなくなるかもしれません！

だから？

国《くに》の予算《よさん》は米《こめ》にかかる税金《ぜいきん》から計算《けいさん》します。秋《あき》にお米《こめ》を収《しゅう》かくして、予算《よさん》が決《き》まるのは春《はる》。このままだとたいへんなことになります！

なんで？

学校《がっこう》の始《はじ》まる9月《がつ》では、税金《ぜいきん》の計算《けいさん》がおわらず、国《くに》からお金《かね》がたくさんもらえないのです！これでは学校《がっこう》を開《ひら》けません！
そうなの?!たいへんじゃ!!
そうだ！じゃあ学校《がっこう》も4月《がつ》からにすればいいんじゃない？
たしかに！そうしましょう！

こうして学校《がっこう》は4月《がつ》に始《はじ》まり、春《はる》に入学式《にゅうがくしき》や卒業式《そつぎょうしき》をするようになったのです。

春《はる》は生《い》き物《もの》が動《うご》き出《だ》し、花《はな》がさきはじめる季節《きせつ》。人《ひと》びとが新《あたら》しい生活《せいかつ》をはじめるのにも、ぴったりの季節《きせつ》です。だから春《はる》に学校《がっこう》がはじまるのもわるくないかもしれませんね。

大臣《だいじん》ナイス〜♪

きせつのふしぎ

どうして夏《なつ》はおまつりがたくさんあるの？

日本《にほん》はお米《こめ》をとっても大切《たいせつ》にする国《くに》です。お米《こめ》がよく育《そだ》つ夏《なつ》は「お米《こめ》が無事《ぶじ》に成長《せいちょう》しますように」といのるおまつりを行《おこな》ってきました。

また、むかしは夏《なつ》に病気《びょうき》がはやりやすかったため、病気《びょうき》を悪霊《あくりょう》のしわざと考《かん》え、悪霊《あくりょう》をはらうおまつりをしました。さらにご先祖様《せんぞさま》をもてなす「おぼん」もあるため、夏《なつ》はおまつりが多《おお》くなったようです。

夏《なつ》のおまつり

納涼祭《のうりょうさい》

夏《なつ》のあつさをやわらげるためのおまつりです。
ご先祖様《せんぞさま》をもてなす「ぼんおどり」をすることもあります。

七夕祭り《たなばたまつ》

中国《ちゅうごく》から伝《つた》わった星《ほし》のおまつりと、おぼん前《まえ》にお清《きよ》めをする日本《にほん》の風習《ふうしゅう》や、虫《むし》よけのおまつりなどが組《く》み合《あ》わさって広《ひろ》まりました。江戸時代《えどじだい》から短冊《たんざく》に願《ねが》いごとを書《か》き、竹《たけ》につるすようになりました。

季節《きせつ》のおまつり

日本《にほん》のおまつりはお米《こめ》にまつわるものが多《おお》くあり、夏《なつ》のほかにも行《おこな》われています。

来年《らいねん》もお米《こめ》がたくさんとれて、元気《げんき》にくらせるようにいのります。

種《たね》まきや田植《たう》えを
イメージして
おどるよ！

八戸《はちのへ》えんぶり
（青森県《あおもりけん》）

稲《いね》を植《う》える前《まえ》に、お米《こめ》がたくさんできるようにいのります。

笛《ふえ》や太鼓《たいこ》に
合《あ》わせて
稲《いね》を植《う》えるよ！

お田植《たう》えまつり（全国《ぜんこく》）

稲穂祭《いなほまつり》（山口県《やまぐちけん》）

きつねの
お面《めん》をつけて
ねり歩《ある》くよ！

無事《ぶじ》にお米《こめ》がとれたことをお祝《いわ》いし、神様《かみさま》にお礼《れい》をします。

鹿子原《かねこはら》の
虫送《むしおく》り踊《おど》り
（島根県《しまねけん》）

虫送《むしおく》り唄《うた》を
歌《うた》っておどるよ！

稲《いね》が成長《せいちょう》する夏《なつ》は、台風《たいふう》や害虫《がいちゅう》によって田《た》んぼがあらされないようにいのります。

なぜ夏《なつ》にこわい話《はなし》をするようになったの？

あつい夏《なつ》には、ぞぞっと背《せ》すじのこおる話《はなし》を聞《き》いて、ひんやりしたい。そんな思《おも》いから、今《こん》もむかしも夏《なつ》はこわい話《はなし》が人気《にんき》です。約四〇〇年前《やくよんひゃくねんまえ》からつづく歌舞伎《かぶき》や落語《らくご》でも、こわい話《はなし》は大人気《だいにんき》でした。

江戸時代《えどじだい》の人《ひと》たちに大人気《だいにんき》だったこわい話《はなし》をひとつ、ごしようかいしましょう。

『ぼたん　どうろう』

むかし、新三郎《しんざぶろう》という男《おとこ》がおつゆという女《おんな》をすきになりました。でも、ある日《ひ》「おつゆは死《し》んだ」という話《はなし》を耳《みみ》にします。新三郎《しんざぶろう》はかなしみ、毎日《まいにち》おつゆを思《おも》いつづけていました。

ある夜《よる》、新三郎《しんざぶろう》が月《つき》を見《み》ていると、カランコロンとげたの音《おと》が聞《き》こえました。その先《さき》には、ぼたんの花《はな》かざりがついたとうろうを持《も》つ、おつゆがいたのです。

新三郎《しんざぶろう》につかえていた伴蔵《ともぞう》は、毎夜《まいよ》聞こえる話《はな》し声《ごえ》をふしぎに思《おも》い、ある日《ひ》、新三郎《しんざぶろう》の部屋《へや》をのぞきました。なんとそこでは新《しん》三郎《ざぶろう》がガイコツとなかよく話《はな》していたのです。

新三郎《しんざぶろう》は、伴蔵《ともぞう》にしようかいされたうらない師《し》から「おつゆは幽《ゆう》霊《れい》だ」と聞《き》き、家《いえ》にお札《ふだ》をはりました。新三郎《しんざぶろう》の部屋《へや》に入《はい》れなくなったおつゆは、伴蔵《ともぞう》にお札《ふだ》をはがすようたのみます。伴蔵《ともぞう》は妻《つま》のおみねに相談《そうだん》し、百両《ひゃくりょう》の大《たい》金《きん》と引《ひ》きかえにお札《ふだ》をはがしました。おつゆは新三郎《しんざぶろう》の部屋《へや》に入《はい》っていきました。次《つぎ》の日《ひ》の朝《あさ》、ガイコツにからみつかれて死《し》んだ新三郎《しんざぶろう》が見《み》つかったのでした。

※このお話《はなし》は「ぼたんどうろう」を短《みじか》く、わかりやすくまとめたものです。

きせつの
ふしぎ

暑中《しょちゅう》みまいって何《なに》？

暑中《しょちゅう》みまいのハガキを見《み》たことはありますか？ これはきびしい暑《あつ》さの中《なか》ですごす友人《ゆうじん》や親《しん》せき、お世話《せわ》になった人《ひと》の体調《たいちょう》を気《き》づかうお手紙《てがみ》です。もともとは、直接《ちょくせつ》あいさつに行《い》って保存食《ほぞんしょく》などをわたしていましたが、郵便制度《ゆうびんせいど》が広《ひろ》まって手紙《てがみ》やハガキであいさつするようになりました。心《こころ》づかいをあらわす、くらしの文化《ぶんか》のひとつです。

暑中《しょちゅう》みまいが広《ひろ》まるまで

江戸時代《えどじだい》

おぼんの前《まえ》、近《ちか》くに住《す》む人《ひと》には直接《ちょくせつ》あいさつに行《い》き、遠《とお》くに住《す》む人《ひと》には飛脚便《ひきゃくびん》などを使《つか》って、おくりものと手紙《てがみ》を送《おく》りました。

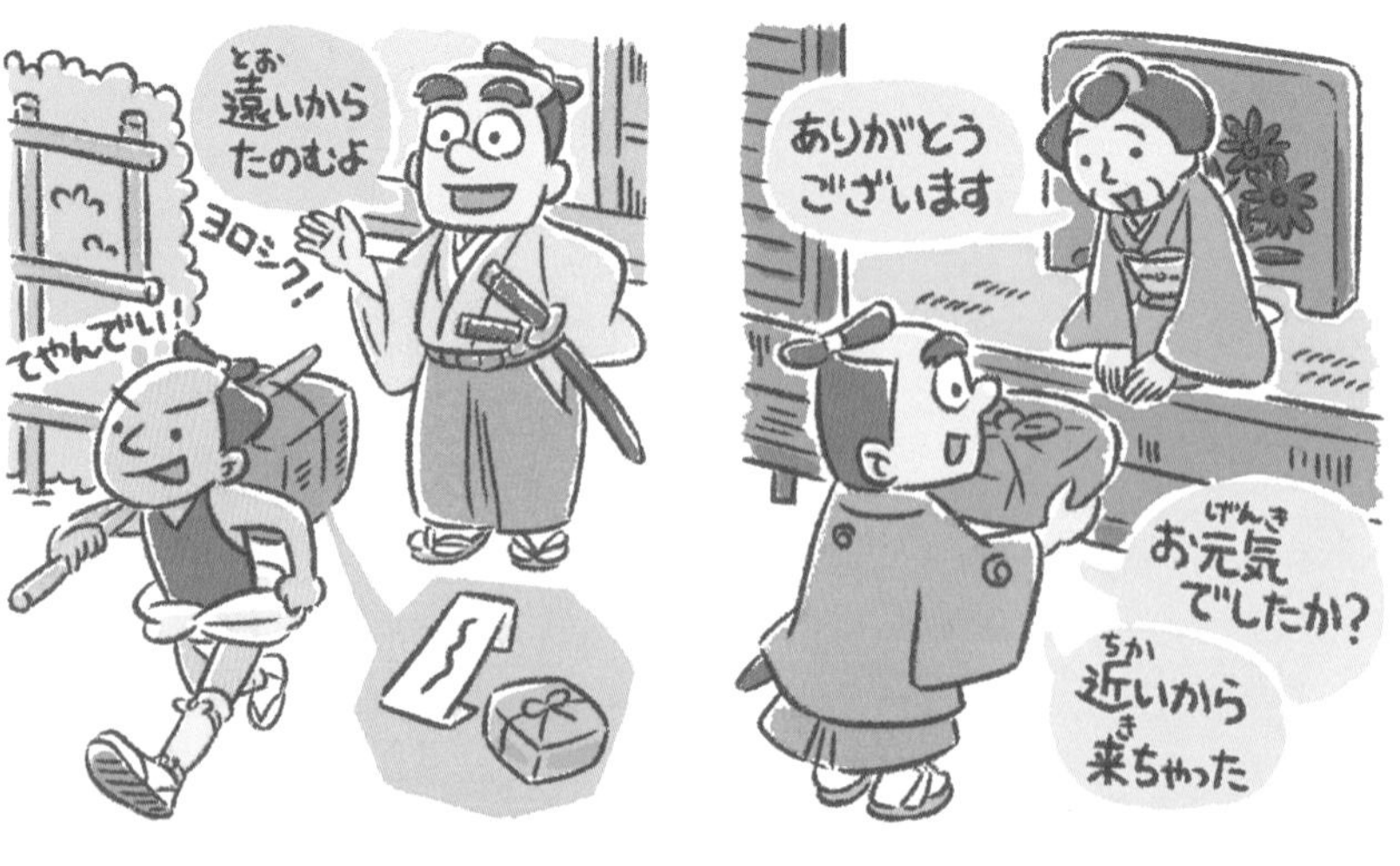

明治時代《めいじじだい》

1873年《ねん》に郵便《ゆうびん》ハガキがはじまると、近《ちか》くにいる人《ひと》にも気軽《きがる》にハガキを送《おく》るようになります。

文字《もじ》だけで
気持《きも》ちを伝《つた》えるぞ!

大正時代《たいしょうじだい》

夏《なつ》らしいデザインの絵《え》ハガキが売《う》られるようになりました。多《おお》くの人《ひと》のあいだで、ハガキで夏《なつ》のあいさつをすることがはやりました。

1986年にはくじつきのハガキも発売《はつばい》
暑中御伺
12組
4567
おばけですずしく
しかけのついたハガキをつくる人もいた!

昭和時代《しょうわじだい》

1950年《ねん》には暑中《しょちゅう》みまい用《よう》のハガキが発売《はつばい》されました。これを記念《きねん》して6月《がつ》15日《にち》は「暑中見舞《しょちゅうみま》いの日《ひ》」と定《さだ》められました。

ん～…でも手紙ってなにを書けばいいんだろう…

暑中《しょちゅう》みまいはやさしい気持《きも》ちがかたちとなったものです。
みんなもぜひ送《おく》ってみましょう!

やってみよう

手紙名人《てがみめいじん》になろう!

みんなは手紙《てがみ》を書《か》いたことはありますか？ 携帯電話《けいたいでんわ》で手軽《てがる》にメッセージが送《おく》れる今《いま》の時《じ》代《だい》こそ、手紙《てがみ》が上手《じょうず》に書《か》けると「やるなあ！」と思《おも》われます。ちょうせんしてみましょう！

桜《さくら》がきれいにさく季節《きせつ》になりました。
お元気《げんき》でおすごしですか。
先日《せんじつ》はたんじょう日《び》プレゼントに
科学《かがく》の本《ほん》を送《おく》っていただき、
ありがとうございました。
「うちゅうにはダークマターというすごいそんざいがある」
という話《はなし》はわくわくしました。

① 極意《ごくい》その一《いち》 手紙《てがみ》には型《かた》がある!

手紙《てがみ》は書《か》く順番《じゅんばん》がポイント。次《つぎ》の４つに気《き》をつけて書くのだ！

② 極意《ごくい》その二《に》 季節《きせつ》の言葉《ことば》を入《い》れる

「はじめのあいさつ」には、いまどんな季節《きせつ》かをしめす文《ぶん》を入《い》れよう。つづけて相手《あいて》を気《き》づかう文《ぶん》を入《い》れるのがポイントだ！

いまぼくは、外来生物《がいらいせいぶつ》についてもきょうみを持《も》っています。
こんど会《あ》ったときに、
おじさんが気《き》になっていることも教《おし》えてください。
それでは、くれぐれもお体《からだ》に気《き》をつけてください。
筆賀《ふでが》まめ蔵《ぞう》

③ 極意《ごくい》その三《さん》 思《おも》いと今《いま》の様子《ようす》を伝《つた》える

「伝《つた》えたいこと」は、かんたんにまとめる。つづけて、自分《じぶん》が思《おも》ったことや最近《さいきん》の自分《じぶん》のようすを書《か》いてみよう！

④ 極意《ごくい》その四《よん》 おわりは、やさしく

「結《むす》びのあいさつ」には相手《あいて》を思《おも》いやる言葉《ことば》を入《い》れるとやさしい印象《いんしょう》になるぞ！

秋《あき》になると、黄色《きいろ》の葉《は》が落《お》ちているのはなぜ？

もみじやいちょうの葉《は》は、すずしくなると赤《あか》や黄色《きいろ》のきれいな色《いろ》に変《か》わります。これは、葉《は》っぱの色《いろ》のもととなる成分《せいぶん》の量《りょう》が変《か》わるからなのです。

植物《しょくぶつ》は、太陽《たいよう》の光《ひかり》をたっぷり浴《あ》びると、葉《は》っぱにある緑色《みどりいろ》のもとがはたらき、たくさん栄養《えいよう》が作《つく》られます。すると、緑色《みどりいろ》のもともふえるので、葉《は》っぱがより緑色《みどりいろ》に見《み》えます。

秋《あき》は太陽《たいよう》が出《で》ている時間《じかん》が短《みじか》くなり、太陽《たいよう》の光《ひかり》が少《すく》なくなって気温《きおん》が下《さ》がります。緑色《みどりいろ》のもとは、寒《さむ》くなるにつれて、分解《ぶんかい》されて元気《げんき》がなくなり数《かず》がへります。すると…

夏《なつ》の葉《は》っぱの中《なか》では…

太陽《たいよう》の光《ひかり》と水《みず》を使《つか》って栄養《えいよう》をうみだす葉緑体《ようりょくたい》たち。緑色《みどりいろ》のもと「クロロフィル」は太陽《たいよう》の光《ひかり》を吸収《きゅうしゅう》して、元気《げんき》に活動《かつどう》しています。

秋《あき》の葉《は》っぱの中《なか》では…

緑色《みどりいろ》のもと「クロロフィル」は寒《さむ》さで弱《よわ》り、なかまがへります。かわりに黄色《きいろ》のもと「カロチノイド」が活《かつ》やくするようになり、葉《は》が黄《き》色《いろ》に見《み》えるようになるのです。

なんで○○の秋《あき》ってたくさんあるの？

秋《あき》。それは、何《なに》をするにもベストな季節《きせつ》です。このため秋《あき》はさまざまな物《もの》とくっつけられます。それぞれの秋《あき》のみりょくを聞《き》いてみましょう。

「食欲《しょくよく》の秋《あき》」といいますが、なぜですか？

秋《あき》にはさー、くだものとか野菜《やさい》とか魚《さかな》とか、「旬《しゅん》」をむかえる食《た》べ物《もの》が多《おお》いの。栄養《えいよう》たっぷりで食《た》べごろってわけ。食《しょく》といえば、秋《あき》だよね！

どうして「スポーツの秋《あき》」というのでしょうか？

秋《あき》って、すごく気候《きこう》がいいでしょ。日《ひ》ざしもおだやかで暑《あつ》くないし、寒《さむ》すぎない季節だからスポーツをするのにぴったりです！

スーパーアイドル
あきのもみじが推《お》されるワケ！
秋《あき》の魅力大特集号《みりょくだいとくしゅうごう》
〜だからわたし、愛《あい》されるんです〜

なぜ「芸術《げいじゅつ》の秋《あき》」というのですか?

こんなきれいな景色《けしき》を見《み》たら絵《え》にかきたくなるし、写真《しゃしん》もとりたくなるわ。秋《あき》の景《け》色《しき》をみると、イメージがわいてくるのよ~

「読書《どくしょ》の秋《あき》」のみりょくとは?

秋《あき》は夏《なつ》よりも夜《よる》が長《なが》いんです。夏《なつ》もおわり、すずしい秋《あき》の夜《よる》はしずかに本《ほん》を読《よ》むのがおすすめです。すごしやすいので本《ほん》を読《よ》むことに集中《しゅうちゅう》できますよ!

やってみよう

オリジナルの○○の秋作《あきづく》り

秋《あき》のみりょくはさまざまですが、ちゃんと知《し》るには、秋《あき》を自分《じぶん》で楽《たの》しんでみるのがいちばんです。さあ、楽《たの》しい秋《あき》のすごし方《かた》を考《かんが》えてみましょう。

---

① すてきな○○の秋《あき》を楽《たの》しむ

食欲《しょくよく》の秋《あき》、スポーツの秋《あき》、芸術《げいじゅつ》の秋《あき》、読書《どくしょ》の秋《あき》。すきなものをえらんで秋《あき》を全力《ぜんりょく》で楽《たの》しんでみましょう。いくつかを組《く》み合《あ》わせて楽《たの》しむのもおすすめです。

ひたすら読書《どくしょ》の秋《あき》
本《ほん》を100冊《さつ》読《よ》んでみる!

物語《ものがたり》をたくさん読《よ》もう!

読書《どくしょ》とスポーツの秋《あき》
トレーニングの本《ほん》を読《よ》んで、運動《うんどう》する

体《からだ》をやわらかくするぞ!

芸術《げいじゅつ》と食欲《しょくよく》の秋《あき》
秋《あき》の食《た》べ物《もの》の絵《え》をかく

おわったら、食《た》べよう!

② オリジナルの○○の秋《あき》を作《つく》る

自分《じぶん》のすきなことに、秋《あき》らしさをくわえてすごしてみましょう。

料理《りょうり》がすきなら、おかし作《づく》りの秋《あき》

秋《あき》においしい
さつまいもで
スイートポテトを
作《つく》ったよ！

虫《むし》とりがすきなら、鳴《な》く虫集《むしあつ》めの秋《あき》

いい音《おと》だ…
コロ
コロ

お絵《え》かきがすきなら、落《お》ち葉《ば》アートの秋《あき》

ガオー
季節《きせつ》をとじこめる。
これがぼくのアートだ！

歌《うた》がすきなら、音楽《おんがく》の秋《あき》

秋《あき》の歌《うた》をつなげて
メドレーを作《つく》ったよ

きせつの
ふしぎ

なぜクリスマスにツリーをかざるの？

クリスマスツリーをかざる風習《ふうしゅう》は、北《きた》ヨーロッパの「ユール」というまつりがもとになったといわれています。それがキリスト教《きょう》を信《しん》じる人《ひと》たちの手《て》によって、今《いま》のようなかざりになりました。

ベツレヘムの星《ほし》

キリスト教《きょう》では「イエス」という人《ひと》が神《かみ》の声《こえ》を聞《き》いたと信《しん》じられています。てっぺんにかざる星《ほし》は、イエスのたんじょうを知《し》らせた星《ほし》を表《あらわ》しています。

クーゲル

むかし、ツリーにはりんごをかざっていました。りんごがとれなくなった年《とし》に、赤《あか》いガラス玉《だま》をかざったことで、このボールかざりがうまれました。

サンタクロース

サンタクロースのモデルはトルコの聖人《せいじん》、聖《せい》ニコラウスだと伝《つた》えられています。聖《せい》ニコラウスは不幸《ふこう》な人《ひと》たちをたすけたやさしい人物《じんぶつ》。ツリーにもかれを表《あらわ》すサンタクロースの人形《にんぎょう》をかざります。

リース

木《き》の輪《わ》にかざりをつけて、げんかんのドアや部屋《へや》のかべにかけます。豊作《ほうさく》と新年《しんねん》の幸《しあわ》せを願《ねが》う意味《いみ》と、魔《ま》よけの意味《いみ》があります。

キャンディーケイン

羊飼《ひつじか》いが持《も》つつえを表《あらわ》したキャンディーです。「まよっている人《ひと》をみちびく」という意味《いみ》があります。

ジンジャーブレッドマン

人《ひと》の形《かたち》をした、しょうが味《あじ》のクッキー。魔《ま》よけの意味《いみ》をもちます。

やってみよう

スペシャルクリスマスかざりを作《つく》ろう

クリスマスのかざりつけをがんばると、冬《ふゆ》のくらしをより楽《たの》しくすごすことができます。みぢかにあるものを使《つか》って、クリスマスのとくべつなかざりを作《つく》ってみましょう。

1 カプセルのツリーかざり

カプセルトイのカプセルを再《さい》利用《りよう》したかざりです。なかみを入《い》れかえて楽《たの》しむのもおすすめです。

よう いするもの

- カプセルトイのカプセル
- マスキングテープ
- 小《ちい》さなフィギュアやおもちゃなどのかざりたいもの
- リボンやひも

1．とうめいなカプセルに、かざりたいものを入《い》れてとじる。

2．リボンやひもが輪《わ》になるようにして、カプセルの上側《うえがわ》にマスキングテープではりつける。

3．ツリーにかざりをつける

やさしく
かざりつけてね!

2 牛乳《ぎゅうにゅう》パックのミニツリー

牛乳《ぎゅうにゅう》パックを使《つか》ったクリスマスツリーです。軽《かる》くてかさばらないので、すきな場所《ばしょ》にかざれます。

ようい するもの

- 洗《あら》ってかわかした牛乳《ぎゅうにゅう》パック
- 絵《え》の具《ぐ》やカラーペン
- かざり用《よう》のシール
- はさみ
- のり

1．牛乳《ぎゅうにゅう》パックのたて長《なが》の４面《めん》をばらばらに切《き》り分《わ》ける。

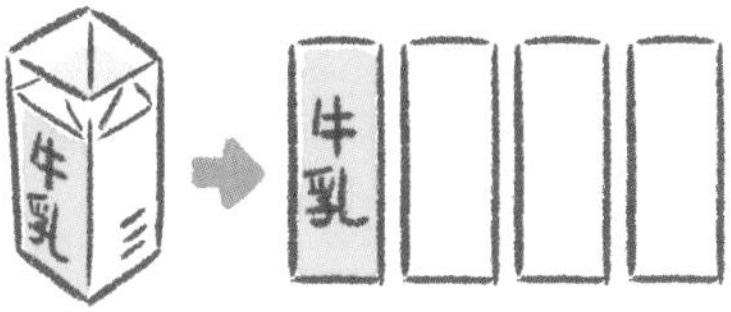

牛乳
牛乳

2．パックの白《しろ》い面《めん》が内側《うちがわ》になるように、たて半分《はんぶん》におる。ツリーの形《かたち》を半分《はんぶん》かいたら、はさみで切《き》って開《ひら》く。

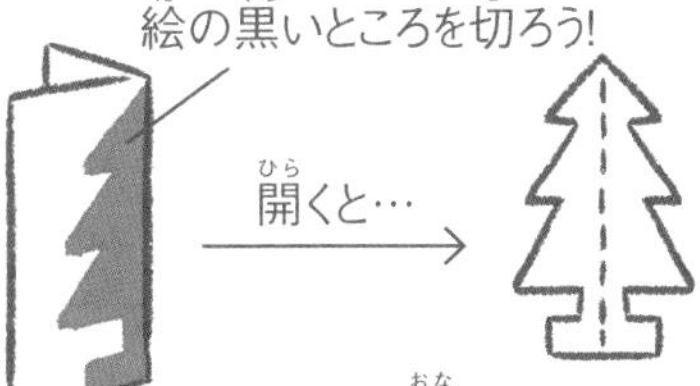

絵《え》の黒《くろ》いところを切《き》ろう!
開《ひら》くと…
4つすべて同《おな》じようにやろう!

3．白《しろ》い面《めん》に色《いろ》をぬる。色《いろ》をぬった面《めん》が外側《そとがわ》になるようにして、内側《うちがわ》にのりをぬり、パックどうしを半分《はんぶん》ずつはり合《あ》わせる。

1つめのパック
2つめのパック
3つめのパック
4つめのパック
④ ①
① ②
② ③
③ ④
①〜④の同《おな》じ番号《ばんごう》どうしの面《めん》をはり合《あ》わせるよ!

4．すきなシールをはってきれいにかざる。

ちらすように
はりつけてね!

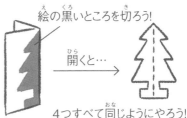

きせつのふしぎ

どうして動物《どうぶつ》は冬眠《とうみん》するの？

寒《さむ》さがきびしい冬《ふゆ》は、食《た》べ物《もの》がとれなくなるため、「冬眠《とうみん》」をする動物《どうぶつ》が多《おお》くいます。冬眠中《とうみんちゅう》はごはんを食《た》べたり運動《うんどう》したりすることをやめて、土《つち》の中《なか》でじっとしています。こうすることで、エネルギーを体《からだ》の中《なか》にたもち、長《なが》くきびしい冬《ふゆ》をのりこえるのです。

ようこそ
冬眠《とうみん》ホテルへ!

あったか土《つち》の中《なか》プラン

ヘビやカメ、カエルなどは、気温《きおん》に合《あ》わせて体温《たいおん》が変《か》わるため、温度《おんど》が一定《いってい》の土《つち》の中《なか》にこもって冬《ふゆ》をこします。

いい土《つち》のおふとんを
ヨロシク

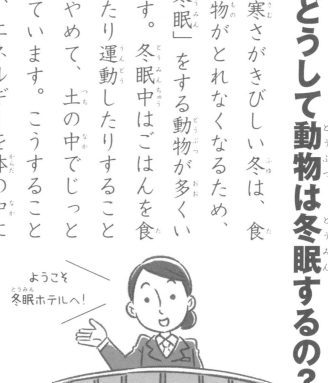

うとうと…

うたたねプラン

シマリスは地面《じめん》にほった巣《す》あなで、コウモリはどうくつや木《き》のくぼみなどで冬眠《とうみん》をします。ときどき目《め》を覚《さ》まして、ごはんを食《た》べたり、おしっこやうんちをしたりします。

春《はる》が来《く》るまで
おやすみなさい
でっぷり

ぐっすりプラン

ヤマネは12月《がつ》から5月《がつ》まで、半年《はんとし》ほど冬眠《とうみん》します。秋《あき》にしっかりごはんを食《た》べておいて、冬眠《とうみん》にそなえます。スズメバチやアシナガバチは、女《じょ》王《おう》バチだけが冬《ふゆ》をこします。巣《す》をはなれ、木《き》や土《つち》の中《なか》で寒《さむ》さをしのぎます。

冬眠禁止《とうみんきんし》の動物《どうぶつ》もいます

ハムスターは、部屋《へや》の温度《おんど》が10度《ど》を下回《したまわ》ると、冬眠《とうみん》することがあります。でも、なんのじゅんびもせずに冬眠《とうみん》すると、体《からだ》がたえられず命《いのち》を落《お》とすことも…。ペットのハムスターは冬《とう》眠《みん》させないようにあたたかい部屋《へや》で飼《か》いましょう。

お客《きゃく》さま、
こまります!
ふぁ〜

これでバッチリ！

自由研究《じゆうけんきゅう》のススメ④

冬眠《とうみん》スポットをさがそう！

冬眠《とうみん》をする生《い》き物《もの》は、みぢかなところにいます。生《い》き物《もの》にとって、ねごこちのよい場所《ばしょ》がどんなところか、さがしてみましょう。

ようい する もの

・ノート
・えんぴつ
・カメラまたはスケッチブック
・軍手《ぐんて》　・虫《むし》めがね
・スコップ

1 冬眠《とうみん》している生《い》き物《もの》をさがす

インターネットや図鑑《ずかん》などで、冬眠《とうみん》する生《い》き物《もの》と、冬眠《とうみん》していそうな場所《ばしょ》を調《しら》べます。生《い》き物《もの》を見《み》つけたあとは、やさしく元《もと》の場所《ばしょ》にうめてあげましょう。

あ、カエル

2 冬眠《とうみん》スポットをまとめる

いくつかの生《い》き物《もの》をさがしたら、冬眠《とうみん》スポットをマップにまとめます。生《い》き物《もの》が多《おお》く冬眠《とうみん》している場所《ばしょ》があれば、なぜそこが人気《にんき》なのか、考《かんが》えてみましょう。

冬眠スポットマップ
はっぱがかかっていて、あたたかいから人気

まちのふしぎ

まちのふしぎ

買《か》い物《もの》をするとき、どうしてお金《かね》をはらうの？

ほしい物《もの》を手《て》に入《い》れるとき、むかしはお金《かね》ではなく、ほかの物《もの》とこうかんしていました。でも、物《もの》と物《もの》のこうかんでは都合《つごう》が悪《わる》いこともたくさんありました。

そこで、物《もの》の代《か》わり

むかしの買《か》い物《もの》

こうかんできません！
もうこうかんできるものがないよ！

物《もの》と物《もの》のこうかんだと
ときにはできないことも

食《た》べ物《もの》はすぐにくさってしまい、季節《きせつ》によっては手《て》に入《はい》らないこともあります。

にお金《かね》を使《つか》いはじめたのです。

お金《かね》なら見《み》えない物《もの》も買《か》える!

お店《みせ》の人《ひと》は物《もの》を売《う》るだけではなく、サービスもしています。サービスとは、お客《きゃく》さんを案内《あんない》したり注文《ちゅうもん》をとったりするような、物《もの》のように形《かたち》には表《あらわ》せませんが、人《ひと》の役《やく》に立《た》つはたらきのことです。サービスには形《かたち》がないので、物《もの》とのこうかんはできませんが、お金《かね》ならわたすことができます。

今《いま》の買《か》い物《もの》

1000円《えん》です
ハイ!
1000
① ものの価値《かち》が数字《すうじ》でわかりやすい!
② くさらないので長《なが》いあいだ使《つか》いまわせる!
③ 軽《かる》くて持《も》ちはこびがしやすい!
SUISUI
ICカード
かるい!かんたん!はやい!
お金《かね》は「電子《でんし》マネー」にもかえられるよ!

買《か》い物《もの》ではらったお金《かね》はどうなるの？

商品《しょうひん》はたくさんの人《ひと》のしごとによって作《つく》られています。

商品《しょうひん》を作《つく》るのにかかったお金《かね》は、その商品《しょうひん》の売《う》り上《あ》げでまかなわれます。

つまり、買《か》い物《もの》でお店《みせ》にはらったお金《かね》は、時間《じかん》をかけて、その商品《しょうひん》にかかわった人《ひと》みんなに少《すこ》しずつしはらわれるのです。

たとえば、本《ほん》を買《か》ったときのお金《かね》は、こんな人《ひと》たちへわたされます。

本《ほん》の売《う》り上《あ》げ
(1000円《えん》)
出発《しゅっぱつ》
Book
本
まいどあり～
本屋《ほんや》
(200円《えん》)
本屋《ほんや》さんには本《ほん》の売《う》り上《あ》げの5分《ぶん》の1ほどがしはらわれます。
イラストレーターやデザイナー
(40円《えん》)
○○出版
作家《さっか》
(100円《えん》)
出版社《しゅっぱんしゃ》
(200円《えん》)
作《つく》ってよかった!
編集《へんしゅう》スタッフ
(60円《えん》)

運《はこ》ぶ人《ひと》
(100円《えん》)

本《ほん》をお店《みせ》まで運《はこ》ぶ運送会社《うんそうがいしゃ》や、出版社《しゅっぱんしゃ》と書店《しょてん》のあいだで取引《とりひき》をする商社《しょうしゃ》へ、10分《ぶん》の1ほどがしはらわれます。

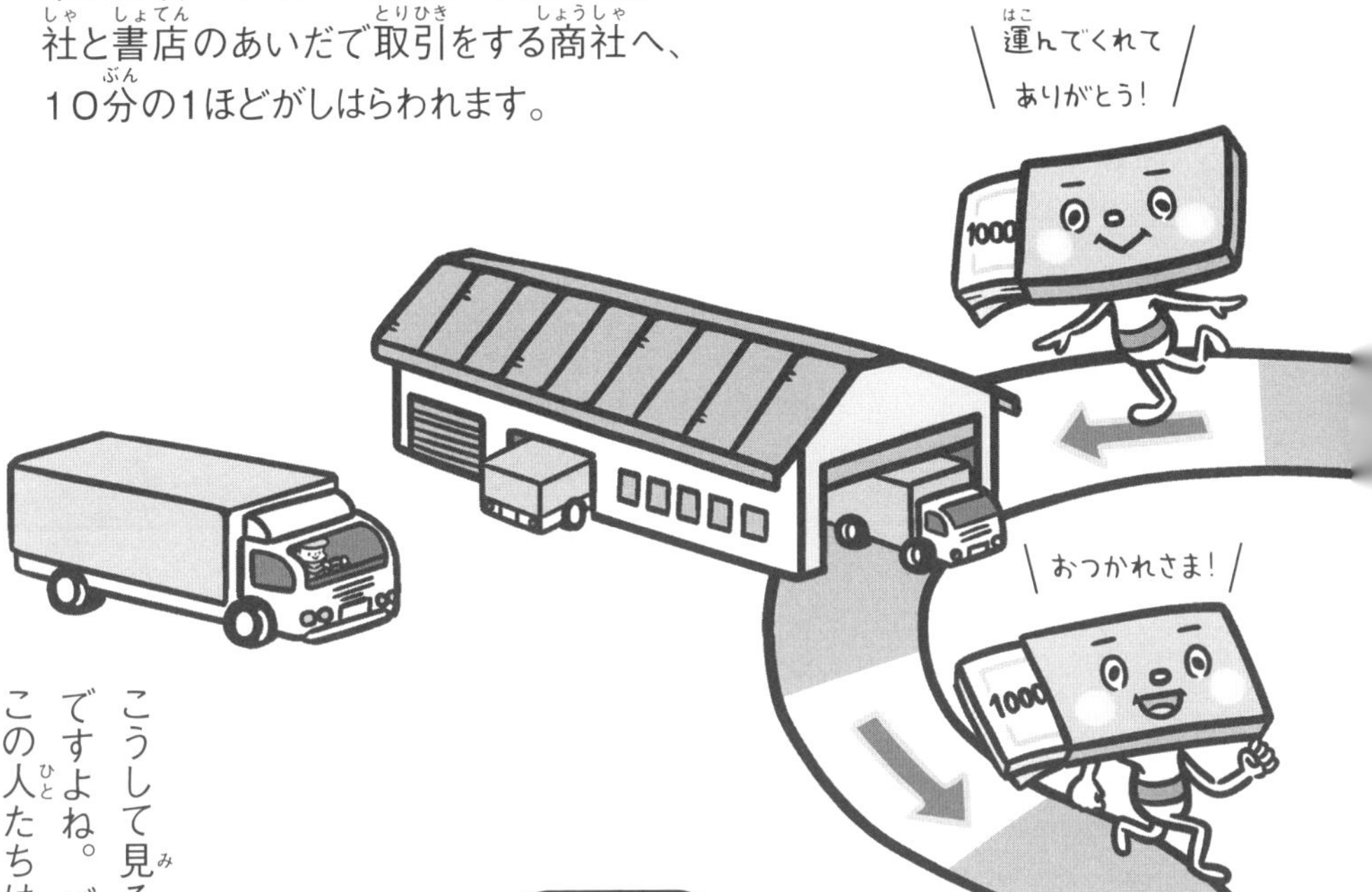

作《つく》る人《ひと》

作家《さっか》はもちろん、出版社《しゅっぱんしゃ》や印刷会社《いんさつがいしゃ》の人《ひと》たちにもお金《かね》がとどけられます。

印刷会社《いんさつがいしゃ》や製本会社《せいほんがいしゃ》
(200円《えん》)

製紙会社《せいしがいしゃ》
(100円《えん》)

こうして見《み》ると、それぞれの人《ひと》がもらうお金《かね》は意外《いがい》と少《すく》ないですよね。でも、みんなのはらったお金《かね》が積《つ》み重《かさ》なることで、この人《ひと》たちは生活《せいかつ》をし、またみんなのもとへ新《あら》たな商品《しょうひん》を届《とど》けることができるのです。

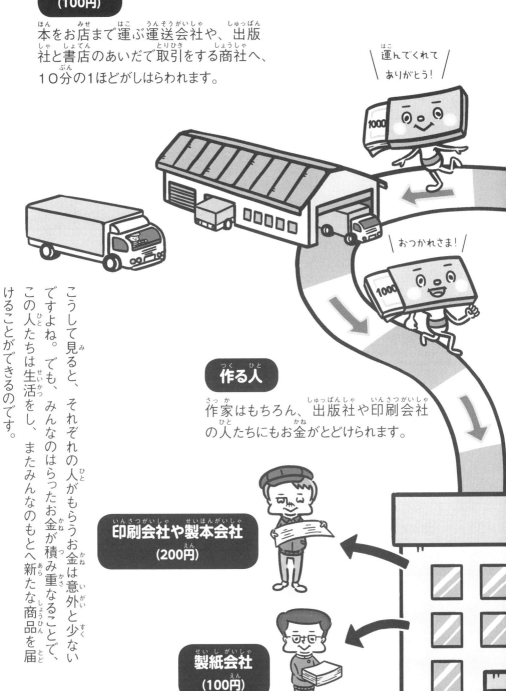

セールのとき、お店《みせ》はそんをしないの？

商品《しょうひん》を安《やす》く買《か》える、お店《みせ》のセール。もちろん、ふつうのねだんで買《か》ってもらうほうがお店《みせ》はもうかります。でも、だからといってお店《みせ》がそんをしているわけではありません。

　じつはセールには、お店《みせ》がもうかるためのひみつがたくさんかくれているのです。

セール、
やってますよ〜！
大セール！
行《い》ってみよう！
ゾロゾロ…

ひみつ1

お店《みせ》に来《く》るきっかけになる！

いつもより安《やす》く買《か》えるので、いつもよりたくさんのお客《きゃく》さんがお店《みせ》に来《き》ます。そしてたくさん買《か》ってもらえます。

キャベツ
98円
キャベツ
キャベツを
仕入《しい》れすぎたから
少《すこ》し安《やす》くしよう

ひみつ2

商品《しょうひん》を手《て》にとりやすくする!

仕入《しい》れすぎた商品《しょうひん》などを安《やす》くして売《う》りきってしまうことで、もっと売《う》れる新《あたら》しい商品《しょうひん》をお店《みせ》に入《い》れられるようにします。

ひみつ3

ほかの物《もの》も買《か》ってもらえる!

セールだからといってお店《みせ》の商品《しょうひん》すべてが安《やす》くなっているとはかぎりません。ついでにほかの物《もの》も買《か》ってくれることをきたいしています。

SALE

買《か》いすぎたわ!

物《もの》のねだんってどうやって決《き》まるの？

ねだんは商品《しょうひん》の数《かず》とその商品《しょうひん》を買《か》いたい人《ひと》の数《かず》によって変《か》わります。
それでは、キャベツを例《れい》にして、ねだんがどう決《き》まっているかを見《み》てみましょう。

① 買《か》いたい人《ひと》より商品《しょうひん》が多《おお》い

農家《のうか》の人《ひと》は、たくさんの人《ひと》に食《た》べてもらうために、キャベツを売《う》りに出《だ》します。でも、キャベツの量《りょう》にたいして、買《か》いたいと思《おも》っている人《ひと》は少《すく》ないようです。こんなとき、農家《のうか》や市場《いちば》、スーパーなどでは、ねだんを下《さ》げて、たくさん買《か》ってもらおうとします。

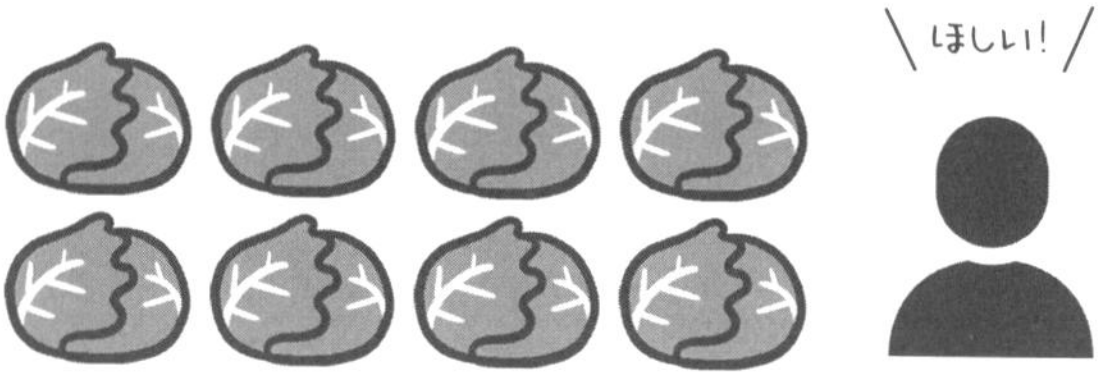

せっかくとれたのに、まさかこんなことになるなんて…。農家《のうか》のみんなと相談《そうだん》して、安《やす》くしたり、キャベツを捨《す》てるしかないなあ

作里《つくり》スギ太《た》（48）

↓

あまったキャベツをみんなにたくさん買《か》ってもらうため、80円《えん》までねだんを下《さ》げました。

② 買《か》いたい人《ひと》より商品《しょうひん》が少《すく》ない

こんどは、ほしい人《ひと》がたくさんいて、キャベツの量《りょう》がたりません。こんなときは、「いつもよりちょっと高《たか》くても買《か》いたい」と思《おも》う人《ひと》がいます。そして、農家《のうか》の人《ひと》も「わずかなキャベツでもうけを出《だ》したい」と考《かんが》えています。そのため、キャベツのねだんは上《あ》がります。

ちょうだい！
わたしも！

うちのダンナ、キャベツ料理《りょうり》が大《だい》すきなの。ちょっと高《たか》いけど買《か》うしかないわね
安田《やすだ》とく子《こ》（32）

高《たか》くても買《か》ってくれる人《ひと》がいるので、もうけをねらって300円《えん》までねだんを上《あ》げました。

③ 買《か》いたい人《ひと》と商品《しょうひん》の量《りょう》が同《おな》じくらい

ついに、ほどよい量《りょう》のキャベツが用意《ようい》できました。

ほしい人《ひと》にキャベツがわたり、むだにあまることもほとんどありません。すると、売《う》る人《ひと》と買《か》う人《ひと》どちらにとってもちょうどよいねだんで、キャベツが売《う》られるようになります。

いいね！

農家《のうか》の人《ひと》もお客《きゃく》さんもうれしそうだ！ライバル店《みせ》に負《ま》けないねだんにするぞ！
飯値《いいね》ダン（24）

お店《みせ》にもお客《きゃく》さんにもちょうどいいねだんにするため、150円《えん》にねだんを決《き》めました。

まちの
ふしぎ

どうしてファストフードはすぐできるの？

ハンバーガーや牛丼《ぎゅうどん》など、注文《ちゅうもん》してからすぐ出《で》てくる食《た》べもののことをファストフードといいます。ファストとは英語《えいご》で「速《はや》い」という意味《いみ》です。どうしてすぐ食《た》べものが用意《ようい》できるのでしょうか？

材料《ざいりょう》の量《りょう》が決《き》まっている！

だれが作《つく》っても同《おな》じ味《あじ》にしあがるよう、調味料《ちょうみりょう》の量《りょう》や調理《ちょうり》の時間《じかん》がきっちり決《き》められています。

注文内容《ちゅうもんないよう》が一目《ひとめ》でわかる!

注文《ちゅうもん》を受《う》けたしゅんかん、ちゅうぼうのモニターにその注文《ちゅうもん》がうつされるので、すぐに作《つく》りはじめられます。

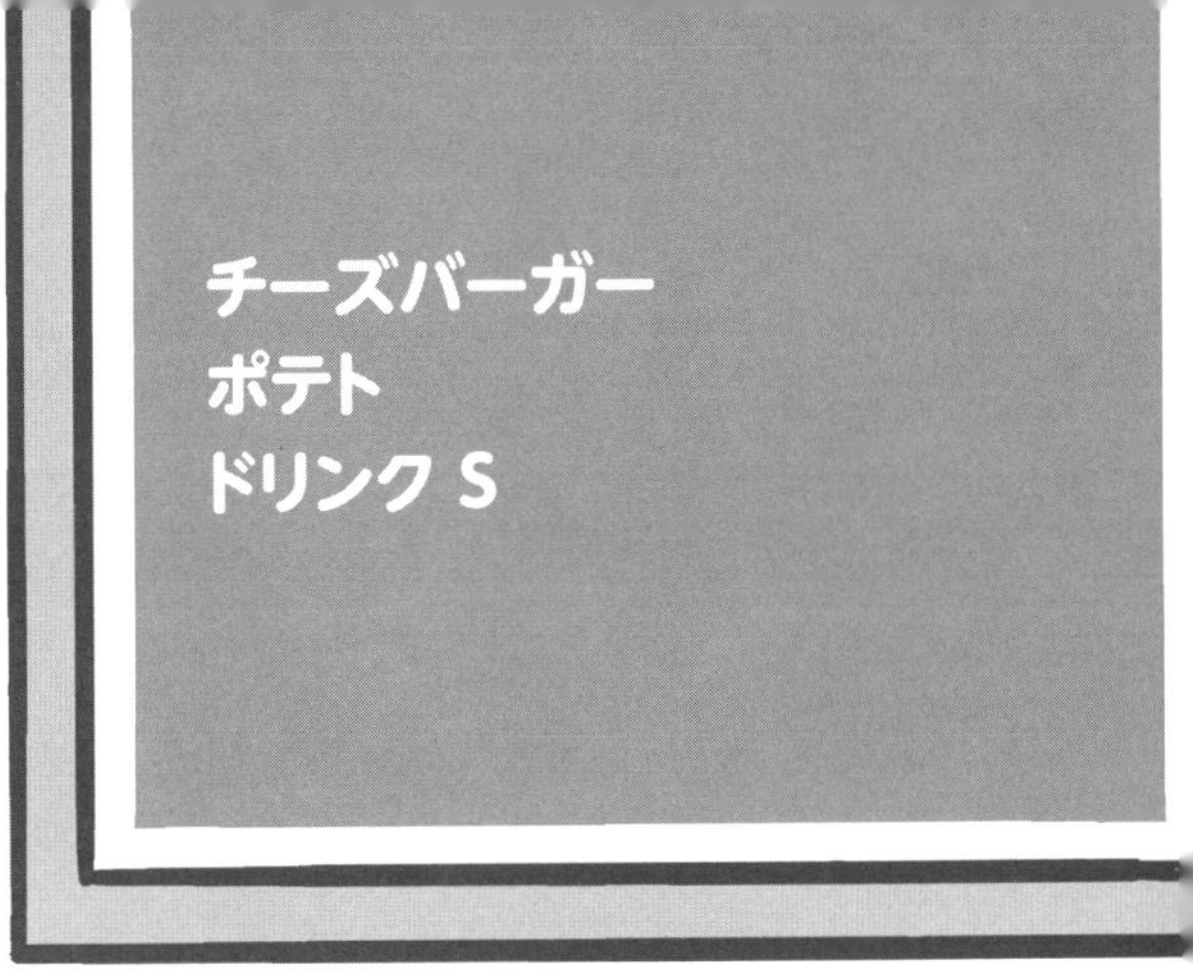
チーズバーガー
ポテト
ドリンク S

ポン
Drink
ジャー
決《き》まった量《りょう》がすぐ出《で》る!

ボタンをおすだけ!

飲《の》み物《もの》などは、カップをおいてボタンをおすだけで注《そそ》げる機械《きかい》に入《い》れています。

ちょっと焼《や》いて、はさむだけ!

前《まえ》もってじゅんびをしている!

パンやハンバーグは先《さき》に作《つく》ってれいとうしておくなど、あたためるだけでかんたんに出《だ》せるようにしています。

世《せ》界《かい》中《じゅう》のファストフードパーティー

みんなが大好《だいす》きなファストフードは、世界《せかい》でもたくさんのしゅるいがあります。
それぞれの国《くに》のじまんのファストフードをもちよって、パーティーをしてみました。

韓国《かんこく》のホットク

さとうやシナモンのあんを、小麦粉《こむぎこ》の生地《きじ》でつつんで焼《や》きあげたおかしです。

あんがとろっと
おいしい!

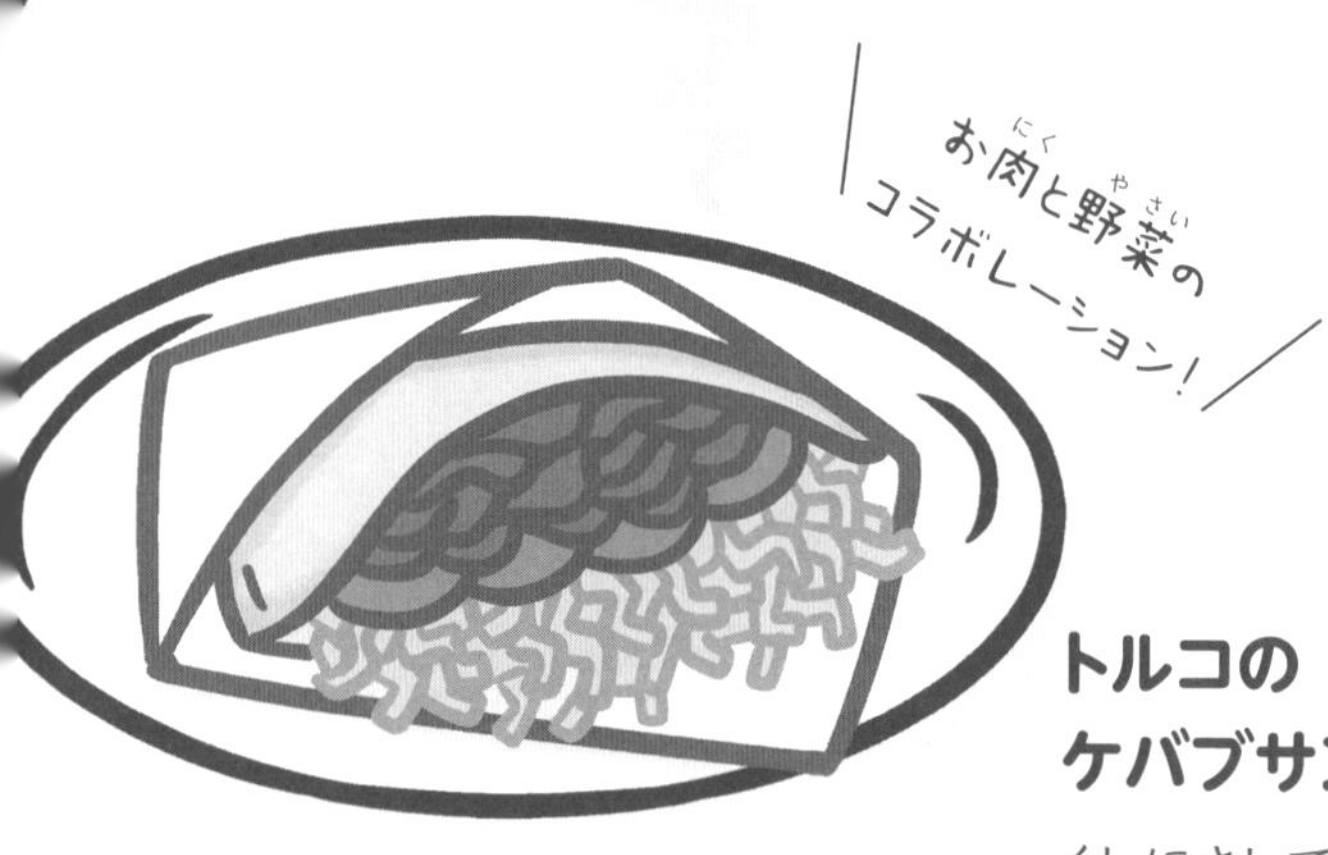
お肉《にく》と野菜《やさい》の
コラボレーション!

トルコのケバブサンド

くしにさして焼《や》いた鶏《にわとり》や羊《ひつじ》の肉《にく》をそいで、サラダといっしょにパンにはさみます。

もっちり感《かん》が
くせになる!

ブラジルの ポンデケージョ

タピオカの粉《こな》をまぜこんだ生地《きじ》を焼《や》きあげたチーズパンです。

イタリアの パニーニ

パンのあいだに野菜《やさい》やハムをはさんでこんがり焼《や》いたホットサンドです。

日本《にほん》の 牛丼《ぎゅうどん》

あまじょっぱくにた牛肉《ぎゅうにく》や玉《たま》ねぎをごはんにのせます。むかしは屋台《やたい》で売《う》られていました。

イギリスの フィッシュ・アンド・チップス

魚《さかな》のフライとポテトフライに、すきな味《あじ》のソースをかけて食《た》べます。

おこのみのソースを
たっぷりつけて…

どうして電車《でんしゃ》は時間通《じかんどお》りにやってくるの？

日本《にほん》の電車《でんしゃ》は、ほぼ予定《よてい》の時間通《じかんどお》りに駅《えき》にやってきますね。もしかすると「そんなの当《あ》たり前《まえ》じゃん」なんて思《おも》うかもしれません。でもこれは、みんなが想像《そうぞう》するよりすごいことなのです。

電車《でんしゃ》を予定通《よていどお》りに動《うご》かすために、運転手《うんてんしゅ》さんはもちろん、いろいろな人《ひと》ががんばってくれています。だれがどんなしごとをしているのか、ちょっとのぞいてみましょう。

ギュウ
ギュウ
ギュウ
おくまでつめてください～
こんでるから次《つぎ》にしよう

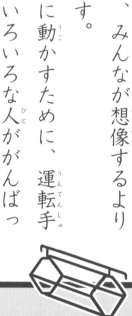

① 運行《うんこう》の計画《けいかく》を立《た》てるスジ屋《や》

どの電車《でんしゃ》がいつどこを走《はし》るかを整《せい》理《り》した表《ひょう》をダイヤグラムといい、これを作《つく》る人《ひと》のことをスジ屋《や》といいます。乗客《じょうきゃく》が多《おお》い時間《じかん》や、路線《ろせん》の全体《ぜんたい》を知《し》っていないとできない、たいへんなしごとです。

13時《じ》にこの電車《でんしゃ》を「ようこそ駅《えき》」に着《つ》かせるには…
うーん…

指令室

② 電車《でんしゃ》の流《なが》れをコントロールする指令員《しれいいん》

電車《でんしゃ》がたまにおくれても、すぐにもと通《どお》りになるのは、指令室《しれいしつ》の指令員《しれいいん》さんのおかげです。コンピューターを使《つか》って電車全体《でんしゃぜんたい》の流《なが》れをかくにんして、何《なに》かあれば、すぐにダイヤグラムを変《か》えます。

③ 駅《えき》のホームを管理《かんり》する駅員《えきいん》

たくさんの人《ひと》が乗《の》り降《お》りすると、出発《しゅっぱつ》がおくれてしまうことも。そこで駅員《えきいん》さんは、電車《でんしゃ》の出発《しゅっぱつ》がおくれないようにお客《きゃく》さんが乗《の》りこむのを手伝《てつだ》ったり、電車《でんしゃ》がくるときに放送《ほうそう》をしたりします。

みんなのおかげで時間《じかん》を守《まも》れたよ!
グッ
○○行き

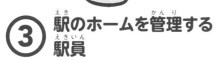

町《まち》をささえるヒーローたち

わたしたちのすむ町《まち》でも、みんながすごしやすくなるように多《おお》くの人《ひと》がはたらいています。これらの人《ひと》がへってしまうと、町《まち》に住《す》めなくなってしまいます。そんな町《まち》をささえるヒーローたちに、会《あ》いにいきましょう！

電力《でんりょく》会社《がいしゃ》の人《ひと》

電柱《でんちゅう》や電線《でんせん》がこわれていないか、登《のぼ》ってかくにんします。

学校《がっこう》の先生《せんせい》

子《こ》どもたちに勉強《べんきょう》や生活《せいかつ》のきほんになることを教《おし》えます。

ゴミ清掃員《せいそういん》

ゴミを分別《ぶんべつ》したり、回収《かいしゅう》したりして、きれいな町《まち》を作《つく》ります。

お医者《いしゃ》さんや
工事《こうじ》の作業員《さぎょういん》さんなどは
夜《よる》もはたらいてくれているんだ
スーパー

給食《きゅうしょく》を作《つく》る人《ひと》

安《やす》くて栄養《えいよう》バランスのとれた給食《きゅうしょく》で、みんなの健康《けんこう》をまもります。

町《まち》の医者《いしゃ》

健康診断《けんこうしんだん》や問診《もんしん》をして、病気《びょうき》をふせごうとはたらいています。

道路工事作業員《どうろこうじさぎょういん》

人《ひと》や車《くるま》が通《とお》らない夜《よる》に道《みち》をきれいにして、通《とお》りやすい道《みち》を作《つく》ります。

スーパーの店員《てんいん》

食《た》べ物《もの》や日用品《にちようひん》を売《う》って、みんなの生活《せいかつ》をささえています。

おじぞうさまって何《なん》のためにあるの？

日本《にほん》には、元気《げんき》や幸《しあわ》せをねがう教《おし》えがいろいろな場所《ばしょ》にのこされています。

道《みち》のとちゅうでときどき見《み》かける、石《いし》でできたおじぞうさまもその一《ひと》つです。本当《ほんとう》の名前《なまえ》は「じぞうぼさつ」といい、「みろくぼさつ」という仏《ほとけ》様《さま》のかわりに人間《にんげん》をすくってくれるといわれています。じぞうぼさつは六《むっ》つの世界《せかい》を見《み》ています。

みんなで手分《てわ》けして
それぞれの世界《せかい》を見守《みまも》ってるよ！
じぞうせんたい
ミマモルンジャー

人《ひと》は死《し》ぬと6つの世界《せかい》のどこかへ行《い》く?

仏教《ぶっきょう》では、生《い》きものがが死《し》ぬとべつのそんざいに生《う》まれ変《か》わり、ちがう世界《せかい》に行《い》くといわれています。じごくにすむえんま大王《だいおう》は、人《ひと》の生前《せいぜん》のおこないを見《み》て、死後《しご》どこの世界《せかい》に送《おく》るのか決《き》めています。

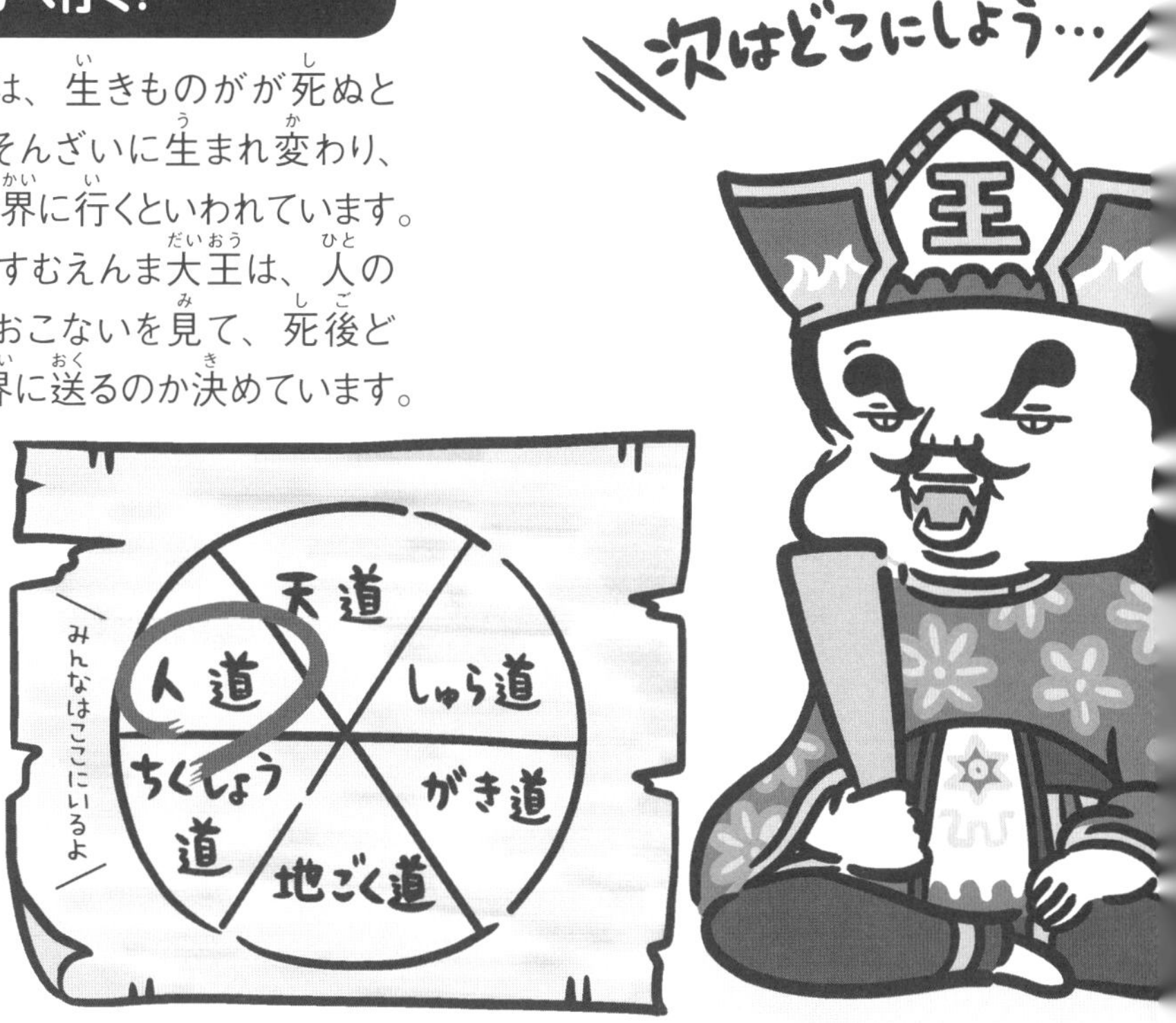

次はどこにしよう…
天道
人道
しゅら道
ちくしょう道
がき道
地ごく道
みんなはここにいるよ
王

おじぞうさまは、えんま大王《だいおう》の仮《かり》のすがた?

こんなにこわい顔《かお》のえんま大王《だいおう》ですが、本当《ほんとう》のすがたは「じぞうぼさつ」だともいわれています。そのおそろしさは、子《こ》どもを正《ただ》しい道《みち》へみちびくために役立《やくだ》っています。

王

最後《さいご》にはすくってやるから安心《あんしん》しな

市役所《しやくしょ》では何《なに》をしているの？

広報課《こうほうか》
市《し》の情報《じょうほう》を市民《しみん》に伝《つた》えています
まちづくり課《か》
おまつりやイベントの企画《きかく》はこちらまで！

市役所《しやくしょ》は、わたしたちのくらしをささえる場所《ばしょ》です。町《まち》の安全《あんぜん》を守《まも》る活動《かつどう》をしたり、市民《しみん》の相談《そうだん》にのったり、工事《こうじ》を手配《てはい》したり、おまつりやイベントを計画《けいかく》したりと、さまざまな分野《ぶんや》のしごとをしています。これらのしごとは市民《しみん》から集《あつ》められた「税金《ぜいきん》」を使《つか》って行《おこな》

障害福祉課《しょうがいふくしか》
障《しょう》がいがある方《かた》のサポートをしています
介護保険課《かいごほけんか》
お年《とし》よりをサポートする手続《てつづ》きをしますよ

道路課《どうろか》
道路《どうろ》を作《つく》る
計画《けいかく》を立《た》てます
生活安全課《せいかつあんぜんか》
市民《しみん》の相談《そうだん》にのって、
事件《じけん》や事故《じこ》を防《ふせ》ぎます
防災課《ぼうさいか》
じしんなどの災害《さいがい》の
対策《たいさく》をしています
あぶない場所《ばしょ》や
避難所《ひなんじょ》を知《し》らせる地図《ちず》や
看板《かんばん》もつくっています

われますが、このお金《かね》を集《あつ》めたり計算《けいさん》したりするのも市役所《しやくしょ》のしごとです。

　このように、みなさんが平和《へいわ》にくらせるようにするため、市役所《しやくしょ》の人《ひと》たちははたらいているのです。

教育総務課《きょういくそうむか》
学校《がっこう》や教育《きょういく》のことは
おまかせください
子育《こそだ》て推進課《すいしんか》
子《こ》どもを育《そだ》てている家庭《かてい》の
サポートをします

市民課《しみんか》
住
民票《じゅうみんひょう》や戸籍《こせき》などを
あつかっています
次《つぎ》の方《かた》どうぞ！
はーい

市役所《しやくしょ》はいつもあなたを見守《みまも》っています

赤《あか》ちゃんのたんじょう。これは市役所《しやくしょ》と人《ひと》との新《あたら》しいかかわりがはじまるできごとです。ある家族《かぞく》のドラマから、このかかわりを感《かん》じてみましょう。

出生届《しゅっしょうとどけ》とは

赤《あか》ちゃんが生《う》まれたときに市役所《しやくしょ》に提出《ていしゅつ》するものです。赤《あか》ちゃんの名前《なまえ》や生《う》まれた時間《じかん》、場所《ばしょ》などを書《か》きます。

出生届《しゅっしょうとどけ》は市民課《しみんか》で提出《ていしゅつ》することができます。

出生届《しゅっしょうとどけ》を出《だ》したあとは、市役《しやく》所《しょ》でのあらゆるサービスを受《う》けられます。市役所《しやくしょ》はその人《ひと》の一生《いっしょう》をかげながらサポートしていくのです。

戸籍《こせき》を作《つく》る

出生届《しゅっしょうとどけ》の情報《じょうほう》は、家族《かぞく》のデータをまとめた「戸籍《こせき》」というものに登録《とうろく》されます。この戸籍《こせき》によって、国《くに》や住《す》んでいる場所《ばしょ》でサービスを受《う》けられるようになります。

子育《こそだ》てサービスを受《う》ける

定期健診《ていきけんしん》を受《う》けられたり、入園《にゅうえん》、入学《にゅうがく》の手続《てつづ》きをしてもらえたり、子育《こそだ》てに必要《ひつよう》なお金《かね》をもらえたりします。

選挙《せんきょ》って何《なに》？

日本《にほん》には約一億二六〇〇万人《やくいちおくにせんろっぴゃくまんにん》の人《ひと》がいます。これは、三〇人《さんじゅうにん》のクラスに分《わ》けると、約四二〇万《やくよんひゃくにじゅうまん》のクラスができます。こんなにおおぜいの人《ひと》の意見《いけん》をまとめるのはたいへんですよね。

そこで、日本《にほん》では、国《くに》や都道府県《とどうふけん》、市町村《しちょうそん》ごとに議会《ぎかい》を作《つく》り、代表者《だいひょうしゃ》が話《はな》し合《あ》いをして大事《だいじ》なことを決《き》めています。選挙《せんきょ》はその代表者《だいひょうしゃ》を決《き》めるために行《おこな》うものです。

どうぶつ村《むら》の選挙《せんきょ》

どうぶつ村《むら》を例《れい》にして、選挙《せんきょ》のしくみを見《み》てみましょう。

① 候補者《こうほしゃ》たちが選挙活動《せんきょかつどう》をする

選挙《せんきょ》の候補者《こうほしゃ》たちが、「自分《じぶん》が当選《とうせん》したらこんなことをする」という案《あん》をそれぞれ発表《はっぴょう》します。投票《とうひょう》をする人《ひと》たちは、だれに自分《じぶん》の票《ひょう》を入《い》れるか考《かんが》えます。自分《じぶん》たちの代表《だいひょう》になる人《ひと》を決《き》めるので、じっくりと考《かんが》えます。

② 投票所《とうひょうじょ》で投票《とうひょう》する

選挙《せんきょ》の日《ひ》になると、投票所《とうひょうじょ》に行《い》きます。投票用紙《とうひょうようし》に自分《じぶん》が決《き》めた候補者《こうほしゃ》の名前《なまえ》を書《か》いて投票《とうひょう》します。だれがどの候補者《こうほしゃ》に投票《とうひょう》したかはわからないようになっています。

③ 当選者《とうせんしゃ》の発表《はっぴょう》

選挙《せんきょ》がおわると、選挙《せんきょ》を管理《かんり》する人《ひと》たちが、まちがいやずるがないよう、しんちょうに票《ひょう》を数《かぞ》えます。そして、いちばん投票《とうひょう》の数《かず》が多《おお》かった人《ひと》が代表《だいひょう》に決《き》まります。

これも選挙《せんきょ》みたいなもの？

選挙《せんきょ》の投票権《とうひょうけん》がもらえるのは、十八歳《じゅうはっさい》になってからです。でも、ふだんの生活《せいかつ》でも選挙《せんきょ》に役立《やくだ》つ力《ちから》をやしなうことができます。今《いま》から意識《いしき》してみましょう。

ほしいものをくらべてみる

ほしいものが2つあるとき、それぞれのよいところや自分《じぶん》がなぜほしいのかを考《かんが》えて、くらべてみましょう。くらべる力《ちから》は、候補者《こうほしゃ》を選《えら》ぶときに役立《やくだ》ちます。

自分《じぶん》の意見《いけん》をもつ

話《はな》すのがうまく
なりたいから
放送委員《ほうそういいん》にするね
いっしょに
図書委員《としょいいん》やろう
ごめん

人《ひと》の意見《いけん》やまわりの情報《じょうほう》に流《なが》されず、自分《じぶん》の意見《いけん》をもつことも選挙《せんきょ》で投票《とうひょう》をするときに役立《やくだ》ちます。

投票箱《とうひょうばこ》

どんな未来《みらい》にしたい？

選挙《せんきょ》では、みんなの代表《だいひょう》を選《えら》んでいますが、いちばん大切《たいせつ》なことは、みんながどんな未来《みらい》をつくりたいかイメージできることです。ぜひ、すてきな未来《みらい》を想像《そうぞう》してみてください。

やってみよう

いろいろな決《き》めかた

選挙《せんきょ》では、たくさんの票《ひょう》を集《あつ》めた人《ひと》が当選《とうせん》します。でも、そのため、少数《しょうすう》の意見《いけん》がむしされてしまうかもしれません。多《た》数決《すうけつ》のほかに、よい決《き》めかたはないか考《かんが》えてみましょう。

たとえば　**ボルダルール**

１つをえらぶのではなく、いくつかの候補《こうほ》にそれぞれ点数《てんすう》をつける方法《ほうほう》。たとえば、１位《い》に３点《てん》、２位《い》に２点《てん》、３位《い》に１点《てん》をつけるようにすると、みんなからある程度人気《ていどにんき》のある候補《こうほ》が当《とう》選《せん》します。

	Aさん	Bさん	Cさん	合計《ごうけい》
	3点《てん》	2点《てん》	1点《てん》	6点《てん》
	2点《てん》	3点《てん》	3点《てん》	8点《てん》
	1点《てん》	1点《てん》	2点《てん》	4点《てん》

ケーキに決《き》まり!

ボルダルールのように、何《なに》か多数決《たすうけつ》にかわるルールがないか、考《かんが》えて意見《いけん》を交換《こうかん》してみましょう。

トーナメント方式《ほうしき》は?
「いやだ」と思《おも》うものに投票《とうひょう》するのは?
1回《かい》えらばれなかったものも、敗者復活《はいしゃふっかつ》のチャンスをあげたら?
どうすればよい意見《いけん》をのこしておけるでしょうか?

おうちの方へ

この数十年で、日本の社会は一気に様変わりしました。それは、家族のあり方や子どもたちへの教育にも、さまざまな影響を与えています。

ときには、あまりの変化にとまどい、「昔はこうだった。それにくらべて今は…」と今と昔の生活をくらべて、子どもたちに接してしまうこともあるかもしれません。ですが、子どもたちにとっては、今の生活がすべてです。今の生活の中で、何を学び、楽しみ、成長できるかが、将来どんな生き方をするかにつながっていきます。子どもたちは毎日学校で勉強にはげんでいますが、それだけでは生きるために必要な力は身につきません。とはいえ、仕事や家事に追われ、ふだんの生活では子どもと向き合って話したり、なにかを教えたりすることがむずかしいという方もたくさんいるはずです。

そこでこの本では、子どもたちが楽しく生活を送れるようにという思いをこめて、子どもが疑問に思うことや大人が聞かれてつい困ることにお答えしました。この本を通じて、みなさまのくらしがより豊かなものになりますよう、願っております。

筑波大学附属小学校　教諭　梅澤真一

参考文献

『新編 新しい理科3~6年生』東京書籍
『新編 新しい家庭』東京書籍
『高等学校家庭教科書（新課程）家庭総合―明日の生活を築く』開隆堂出版
『好奇心をそだて考えるのが好きになる 科学のふしぎな話365』ナツメ社
『21世紀こども百科 科学館』小学館
『ポプラディア プラス 世界の国々 4』ポプラ社
『年中行事 ポプラディア情報館』ポプラ社
『日本大百科全書』小学館
『毎日小学生新聞 マンガで理科 きょうのなぜ?6 自然現象のなぞ21』毎日新聞社
『毎日小学生新聞 マンガで理科 きょうのなぜ?4 植物・食べ物のなぞ21』毎日新聞社
『こども きせつのぎょうじ絵じてん』三省堂
『こども マナーとけいご絵じてん』三省堂
『データと地図で見る日本の産業⑦ 情報・通信』ポプラ社
『ユニバーサルデザインとバリアフリーの図鑑』ポプラ社
『日本全国祭り図鑑 西日本編』フレーベル館
『日本全国祭り図鑑 東日本編』フレーベル館
『日本の祭り解剖図鑑』エクスナレッジ
『小学生のことば事典 絵でわかる「語源」』PHP研究所
『国語おもしろ発見クラブ 語源』偕成社
『わかりやすい病気のはなしシリーズ49 便秘』一般社団法人日本臨床内科医会
『おしえて!おしゃべりガイコツ Vol-62 からだと薬』DeAGOSTINI
『おしえて!おしゃべりガイコツ Vol-56 アレルギーのしくみ』DeAGOSTINI
『おもしろサイエンス 食品保存の科学』日刊工業新聞社
『おもしろサイエンス 塩と砂糖と食品保存の科学』日刊工業新聞社
『明治電信電話ものがたり―情報通信社会の原風景―』日本経済評論社
『花まる学習会式12才までに身につけたい時間の使い方』花まる学習会
『ほとけさまの図鑑』小学館
『電気のことがわかる事典』西東社
『きかいのしくみ図鑑（めくって学べる）』学研プラス
『わくわく微生物ワールド ①地球ではたらくカビとバクテリアたち』すずき出版
『目で見る物理―力・運動・光・色・原子・質量―』さ・え・ら書房
『自然に学ぶくらし 1自然の生き物から学ぶ』さ・え・ら書房

【参考サイト】
国土交通省HP
国立国会図書館レファレンス協同データベースHP
日本マクドナルド株式会社HP

【協力】
日本電信電話株式会社

監修

梅澤真一　うめざわ しんいち

筑波大学附属小学校主幹教諭。専門は小学校社会科教育。日本社会科教育学会、全国社会科教育学会、日本地理教育学会に所属。東京書籍『新しい社会科』教科書編集委員。子どもたちが「きらめき」「ひらめき」「にこにこ」しながら授業に参加し、すべての教科を楽しめることをめざしている。

著書：『梅澤真一の「深い学び」をつくる社会科授業 5年』（東洋館出版社）
編著：『「現代的な課題」に取り組む道徳授業 価値判断力・意思決定力を育成する社会科とのコラボレーション』（図書文化社）
共著：『筑波発　社会を考えて創る子どもを育てる社会科授業』（東洋館出版社）
監修：『小学総合的研究 わかる社会 改訂版』（旺文社）
『47都道府県が記憶にのこる！　日本地図大ぼうけん』（朝日新聞出版）

せいかつのふしぎ　なぜ？ どうして？

監　修　梅澤真一
発行者　高橋秀雄
発行所　**株式会社 高橋書店**
〒170-6014 東京都豊島区東池袋3-1-1 サンシャイン60 14階
電話　03-5957-7103

ISBN978-4-471-10383-5

本書の内容についてのご質問は「書名、質問事項（ページ、内容）、お客様のご連絡先」を明記のうえ、郵送、FAX、ホームページお問い合わせフォームから小社へお送りください。

回答にはお時間をいただく場合がございます。また、電話によるお問い合わせ、本書の内容を超えたご質問にはお答えできませんので、ご了承ください。本書に関する正誤等の情報は、小社ホームページもご参照ください。

【内容についての問い合わせ先】
書　面　〒170-6014 東京都豊島区東池袋3-1-1 サンシャイン60 14階　高橋書店編集部
ＦＡＸ　03-5957-7079
メール　小社ホームページお問い合わせフォームから　(https://www.takahashishoten.co.jp/)

【不良品についての問い合わせ先】

ページの順序間違い・抜けなど物理的欠陥がございましたら、電話03-5957-7076へお問い合わせください。

ただし、古書店等で購入・入手された商品の交換には一切応じられません。